文春文庫

昭和史をどう生きたか

半藤一利対談

半藤一利

文藝春秋

昭和史をどう生きたか　半藤一利対談

目次

ふたつの戦場　ミッドウェーと満洲　澤地久枝……9
指揮官たちは戦後をどう生きたか　保阪正康……67
なぜ日本人は山本五十六を忘れないのか　戸髙一成……103
天皇と決断　加藤陽子……133
栗林忠道と硫黄島　梯久美子……155
撤退と組織　野中郁次郎……173
東京の戦争　吉村昭……187

戦争と艶笑の昭和史　丸谷才一……209
無責任論　野坂昭如……237
幕末から昭和へ　熱狂の時代に　宮部みゆき……261
清張さんと昭和史　佐野　洋……289
戦後六十年が問いかけるもの　辻井　喬……313
あとがき……343
初出一覧……347

昭和史をどう生きたか

半藤一利対談

ふたつの戦場
ミッドウェーと満洲

澤地久枝

&

半藤一利

澤地久枝（さわち・ひさえ）
昭和五年、東京生まれ。作家。著書に『妻たちの二・二六事件』、『密約—外務省機密漏洩事件』、『烙印の女たち』、『あなたに似たひと』、『火はわが胸中にあり』（日本ノンフィクション賞）、『愛が裁かれるとき』、『昭和史のおんな』、『もうひとつの満洲』、『滄海よ眠れ—ミッドウェー海戦の生と死』『記録　ミッドウェー海戦』（菊池寛賞）、『別れの余韻』、『私のシベリア物語』、『自決—こころの法廷』、『わが人生の案内人』、『愛の永遠を信じたく候—啄木の妻節子』、『14歳〈フォーティーン〉—満州開拓村からの帰還』ほかがある。朝日賞受賞。

ミッドウェー「運命の五分間」

半藤　澤地さんは平成十一（一九九九）年夏にミッドウェーに行かれたそうですね。

澤地　はい。この時は海から島々へ。あれだけの激闘の舞台とはとても思えない、綺麗な海に囲まれた自然保護区の島でした。戦いの跡がこんなにも美しく平和な姿になるものなのかと、あらためて思いましたね。

半藤　そうですか。たしか澤地さんが最初にミッドウェーを訪問されたのが、「サンデー毎日」での連載を終えて『滄海《うみ》よ眠れ』（毎日新聞社）を出版された直後でしたね。

澤地　ええ。昭和五十六年にミッドウェー海戦（昭和十七（一九四二）年六月）の戦死者の調査をアメリカで開始して、五十七年から連載を二年五カ月続け、その仕事を終えたのが五十九年末のこと。ミッドウェー海域を訪れたのは六十一年六月です。でも、島へは近づけなかった。そのあと、島へ二回行っています。

半藤　ミッドウェーに関する澤地さんの仕事は『滄海よ眠れ』だけにとどまらず、本当に壮大な成果を上げている。まず、日本政府もアメリカ政府も誰も調べようとしなかったミッドウェー海戦での正確な戦死者数を確定された。両軍合わせて三千四百十九名という戦死者の全名簿を載せた『記録　ミッドウェー海戦』（文藝春秋）は貴重な史料ですね。

澤地　一九九九年に発行されたアメリカの雑誌〝NATIONAL GEOGRAPHIC〟はミッドウェー海戦の特集をしているのですが、戦死者総数については私の調べた数字を使っているのですよ。出典は明記されていませんでしたが（笑）。まあ初めて公《おおやけ》に認知されたのかなとも思いました。

半藤　それは以前からちゃんと認知されていますよ。

澤地　もっとも、その戦死者数を絶対とは言えないのです。というのは、ミッドウェー海戦の〝忘れられた艦〟とも言える「あけぼの丸」の戦死者で一人見つかっていない人がいるんです。

半藤　昭和十七年六月四日、「あけぼの丸」は、ミッドウェー海戦で第一航空艦隊（機動部隊）が第一次攻撃隊を発進させる一時間半ほど前にアメリカの先制攻撃を受け、最初の戦死者を出した船ですね。

澤地　そうです。もとは民間の油槽船である「あけぼの丸」は前年の日米開戦の前日から海軍に徴用《ちょうよう》されていて、ミッドウェー海戦では攻略部隊の護衛任務についていた第二水雷《すいらい》戦隊への燃料補給にあたっていた。記録が少なくて、追跡調査が難しいのですが、この最後の戦死者を捜す努力はいまも続けています。

半藤　「あけぼの丸」では十一人の戦死者が出たことになっていて、澤地さんが追跡できたのは十人ということですね。

澤地　ええ。それにしても、「あけぼの丸」が攻撃された時点で、すでに日本軍は敵に発見されていることを分からなければならなかったのに、連合艦隊以下、なんの対処もしなかった。近年刊行された『高松宮《たかまつのみや》日記』の中で、当時大本営の海軍参謀だった高松宮は、「あけぼの丸」の十一人が戦死したことをちゃんと書いているのですよね。ところが、連合艦隊司令部も第一航空艦隊も一隻《いっせき》の給油艦の被爆についてじつに無関心だったわけです。それが、日本海軍が大敗した理由を象徴しているようにも思えます。

半藤　結果的に、日本軍は六月五日たった一日だけの海戦で第一航空艦隊の「赤城《あかぎ》」「加賀《かが》」（以上第一航空戦隊）「飛龍《ひりゅう》」「蒼龍《そうりゅう》」（以上第二航空戦隊）の四空母が全滅するという大敗を喫してしまった。太平洋戦争の帰趨《きすう》を決した海戦と言ってもいいと思います。

澤地　そうですね。

半藤　澤地さんの仕事でもっとも海軍関係者の神経を逆撫《さかな》でしたのが、これまでミッドウェー海戦の敗因と言われていた「運命の五分間」という定説をひっくり返したことです。

これは、簡単に言うと、南雲忠一《なぐもちゅういち》司令長官率いる第一航空艦隊の兵装が「海用」（雷装）→「陸用」（爆装）→「海用」と二転三転し、やっと装備が出来て、全機発艦するのにあと「五分間」というところで米軍機に爆撃されてしまい、日本の空母が瞬く間にやられてしまった、という説です。ある意味でこれは〝神話〟として、いまでも海軍関係者はもとより一般読者にも固く信じられている。

澤地　日本だけではなく、アメリカでも「フェイタル・ファイブ・ミニッツ」と言って広く通用してますよ。アメリカではミッドウェー海戦の勝利を「インクレディブル（信じ難い）・ヴィクトリー」と言っているくらいですからね。

半藤　どうしてその「運命の五分間」という見方が罷《まか》り通ってきたかというと、じつは南雲機動部隊が完全に敵を舐《な》めていて慢心のあまり命令違反をしていた、その驕慢《きょうまん》が本当の敗因であった、ということをあきらかにされたくなかったからなんですね。これは海軍の当事者の総意として戦後ずっと秘匿《ひとく》されてきた、と言ってもいい。

澤地　『滄海よ眠れ』の取材をしていた当時、私もその説（「運命の五分間」説）がおかしいのではないかと思っていろんな人に話を聞いて回りましたが、関係者はほとんど全員が取材回避か否定。海戦当時は私は子供、しかも女が栄光の日本海軍の歴史に泥を塗るとはなにごとか、みたいな感じでした（笑）。

半藤　ははは。じつは戦記ものの中でも、ミッドウェー海戦は戦争を知らない若い世代の読者にとっても、人気のある海戦なのです。多くの人たちは、いまだに「運命の五分間」を信じている。

澤地　そうなんですね。『滄海よ眠れ』を書いた当時は、私なりにその説のおかしさを証明したつもりだったんですけど、いまだに〝神話〟が生きているという話を聞くと、ちょっと寂しくなりますね。

半藤　まあ、歴史というものはけっこう捏造《ねつぞう》され、それが確定事実とされるものですからね。だから、この「運命の五分間」説も澤地さんや私がこの世からいなくなったあと、依然として〝定説〟として残っていく可能性もある。だから、いまのうちに少しでも誤りを正しておくのは、私たちの務めですよ（笑）。

そこで、海戦に至るまでの日本軍の状況をざっと整理しておきますと、まず昭和十六（一九四一）年十二月八日のパールハーバー奇襲で太平洋戦争が始まったわけですが、それ以降、日本軍の作戦計画は、第一段作戦として南方方面の資源地帯を占領することに主眼が置かれていた。マレー半島、ボルネオ島、ジャワ島、スマトラ島あたりを全部占領する、そのためにはまず米・英・オランダの連合軍の攻撃を排除しなければならない。そこまではとりあえず決めてあったわけです。

その第一段作戦はうまくいっても半年くらいはかかるだろうと思い戦争を始めたら、うまくいきすぎて、翌年の四月いっぱいくらいには計画が終了してしまった。ところが、大本営はその次の手をまったく考えていなかった。この計画性のなさは驚くべきことですね。

澤地　本当にそうです。半藤さんが書かれた『ノモンハンの夏』（文藝春秋）を読むと、ノモンハンの時の陸軍も同じように無計画だったことがよく分かります。

半藤　そこで、第一段作戦を終えたあと、次に何をすればよいかという大議論が起こった。インドのほうへ行けばいい、中国大陸をやっつけよう、いやいまこそソビエトを叩こうとか、とにかくいろんな案が出た。あるいは、豪州が今後の米軍の反撃の拠点になるだろうから、アメリカ本土と豪州との間の連絡路を断っておくために、ニューギニアを占領するのがいいんじゃないかという案も出たりした。この時、山本五十六《やまもといそろく》連合艦隊司令長官だけは違う考えを持っていた。

澤地　半藤さんは山本さん贔屓《びいき》ですからね（笑）。私は山本さんに対しては批判的なところもあるのですが、少なくとも山本さんはすでに戦争は航空戦の時代になっているということを認識していた人ですよね。

半藤　そうです。

澤地　だから、パールハーバーで「アリゾナ」をはじめ多くの戦艦を叩き、いかに戦果を上げたと言っても、一隻の空母も仕留められなかったことを非常に気にしていた。航空戦の時代でもあり、工業力も日本にはるかにまさっているアメリカと戦っていく時に、最初の奇襲で空母を仕留められなかったことが後々響いてくるのではないかと。

半藤　そうですね。だから山本五十六は、日本は持久戦になれば必ず負けるから、早い段階で講和のチャンスを得たほうがいい、そのためには敵の艦隊をぶっ潰《つぶ》してアメリカの戦意を喪失させるのが得策であると、戦う前から主張した。パールハーバーで戦艦の部隊は潰したけれども、機動部隊は残っている。これを潰すためにミッドウェー島を攻撃して機動部隊をおびき出そうと考えたのです。

ところが、陸軍はもちろん軍令部も山本案には大反対。そこで作戦の総本山の軍令部と連合艦隊司令部が揉《も》めているところに東京に初めての空襲が起きた。

澤地　ドゥーリトル中佐率いる運命の十六機がやってくるわけですね。

半藤　ええ、昭和十七年四月十八日のことです。ドゥーリトル隊は空母「ホーネット」から発進した陸上機、B25だった。

澤地　陸上機のほうが艦載機よりも航続距離が長い、つまり足が長いんですね。本来は空母には載せない陸上機をあえて使うことによって、日本本土へ空母を接近させせなくても空襲を行うことができたわけです。この攻撃には「シャングリラ計画」という暗号名があって、ルーズベルト大統領直々《じきじき》の作戦計画だった。

この例一つをとっても、アメリカ側はじつに柔軟な考え方で作戦を練っている。当時連戦連勝だった日本の戦意を奪うには皇居のある帝都空襲をやるのがいちばんいい。しかし、空母の艦載機では足が短いから東京まで飛べない。ならば陸上機に発艦の訓練をさせて空母に載せればいいじゃないかという発想をする。

半藤 すごく柔軟ですね。常識ではおよそありえない発想です。しかも、陸上機のため空襲後に空母に着艦することは不可能ですから、ドゥーリトル隊はそのまま中国大陸まで飛んでいって、蔣介石《しょうかいせき》の飛行場に降りてしまう。

澤地 当時、私は満洲にいてその空襲を実際に見ていないのですが、半藤さんはドゥーリトル隊の空襲を実際に見たのですか。

半藤 ええ、私は東京の下町の、当時国民学校六年生だったかな。

澤地 そうですね。私と半藤さんは同い年ですから、昭和十七年四月と言えば六年生ですね。

半藤 その日、文部省推薦の『将軍と参謀《さんぼう》と兵』という阪東妻三郎《ばんどうつまさぶろう》の映画を観ていたのですよ。そしたら突然その映写が中止になりまして、空襲だから家に帰れと言われました。お昼頃だったですね。僕たちは「なんだい、空襲って？」なんて言いながら三々五々家に帰ったのですが、上空でボカーンボカーンと高射砲の音がしていたのは覚えています。

澤地　敵機までは届かないのですよね、日本の高射砲は。

半藤　飛行機は見えなくて、青空に炸裂煙《さくれつ》が綿雲のように浮かんでいるだけ。それを見て私は縁日の綿あめを思い出して、「ああ、そういえば腹が減ったなあ」と考えたことを覚えています（笑）。

澤地　東京だけでなく、名古屋や神戸にも飛んだんですね。

半藤　ええ。B25という双発の飛行機なのですが、低空を飛んでいて、作家の吉村昭さんに言わせると、「その時僕はドゥーリトル中佐の顔を見た」って言うんですよ。赤だか白のマフラーを首に巻いているのまで見えたって。

澤地　ははは。

半藤　ちょっと脱線しましたが、この奇襲とも言える空襲で、陸軍は大変なショックを受けるのですね。帝都防衛は陸軍の任務ですから。帝都に簡単に敵機が飛んできて皇居が空襲されては大変である、ならば、太平洋の真ん中にあるミッドウェー島を日本が占領すれば、奇襲を防ぐ防衛線を引くことができる。だからミッドウェー島を占領しよう、と考え始める。

そこで、連合艦隊案に陸軍が乗り、軍令部も引きずられて山本案を承認しようということになる。ところが、ここで重大な問題が起きる。山本はあくまでも敵の機動部隊を潰すためにミッドウェーを攻撃しようと思っていたのに、大本営陸海軍部が一斉にミッドウェーのほうに顔を向けたとたんに、命令は「AFを攻略すべし」と変わってしまうのです。AFとはミッドウェーのことを示す暗号で、攻略とはまさに占領せよ、なのです。

澤地　そこで攻撃部隊に陸軍の一木《いちき》支隊という運命的な隊が加わることになるのですね。日中戦争の始まりとなった盧溝橋《ろこうきょう》事件の当事者と言うべき一木清直《きよなお》の隊ですが、この隊はミッドウェーの二カ月後、昭和十七年八月ガダルカナル島で全滅して、一木清直は自決することになる。この一木支隊と海軍の陸戦隊が乗っている輸送船が、あの艦艇群の中に入っていたわけです。

半藤　そうなんですね。

澤地　それで、第一航空艦隊は実際には二つの目的を持っていたことになる。つまり、ミッドウェー島のアメリカ軍基地を占領することと、出撃してくるかもしれない敵の機動部隊を殲滅《せんめつ》することの二つ。一度に性格の違う二つの作戦をやろうとすれば失敗することは目に見えている。そもそもそういう二つの作戦目的を与えられていたのだから、実戦部隊が混乱してしまうのは当然という気もします。背後に上陸部隊をしたがえ、空母にも占領後のための燃料や補給物資がかなり積まれていたのですから。

半藤　本当は、山本司令長官が、「敵の機動部隊を潰すことが真の目的なのだから占領のことは考えなくてもいい」と機動部隊司令部に厳命しなければならなかったのです。作戦命令には「攻略すべし」とあるが、敵をおびき出して叩くのが最大の目的なのだと。

澤地　そうですね。ところが、連合艦隊司令部が実際に実戦部隊に言えたことは、第一次攻撃隊はミッドウェー島に行き、基地の滑走路と飛行機を爆撃せよということと、第二次攻撃隊は敵の艦船が出てくるのに備えて待機せよ、という指示ですね。

半藤　ええ、これは指示なんです。第二次攻撃隊はあくまでも機動部隊攻撃用に備えておけと。陸上の基地攻撃と艦船を攻撃するのでは爆弾の種類が違う。どちらも同じ徹甲《てっこう》爆弾ですが、艦船用は船の中へ突っこんでいってから破裂するようになっており、かたや陸上用爆弾はバーンバーンと爆発すればいいのですからぜんぜん仕様が違うわけです。それに、艦船を沈めるのにいちばん効果的なのは当然魚雷《ぎょらい》です。が、魚雷は陸上用にはまったく使えない。

澤地　そこで兵装転換の問題になってくるわけです。最初から占領ではなく敵艦隊への攻撃という目的だけを持っていたのなら、「運命の五分間」という説も生まれなかったはずです。

半藤　当日の作戦の経過を見ると、機動部隊から発進した第一次攻撃隊は友永丈市《ともながじょういち》大尉が指揮官となった百八機で、日本時間の六月五日午前一時三十分にミッドウェー島に向けて発進している。友永隊はその二時間後にはミッドウェー島に到着して爆撃を開始するが、すでに米軍は日本の攻撃隊が来るのを察知し、飛行機をすべて上空に避退させているのですね。

だから、友永隊はいくら地上を爆撃しても、上空からはたいした戦果は上がっていないように見える。実際のところは、格納庫や発電所、石油タンクなどの地上施設には相当の打撃を与えているのですけどね。当時、アメリカの映画監督のジョン・フォードがミッドウェー島の地上でこの爆撃の模様を撮影しているのです。

澤地　そう、映画を撮っているんですね。ジョン・フォード自身も日本機の爆撃で怪我をしているんですね。

半藤　その映画を観ると、ミッドウェー島の地上施設の被害は相当なものですよ。ただし、米軍の戦闘能力を十分に奪ったとは言えない。それで、友永大尉は「第二次攻撃隊ノ要アリ」と打電するわけです。これが日本時間の六月五日午前四時のことです。

澤地　その時友永大尉の飛行機は無線が壊れていて、「我被弾《ワレヒダン》」と「第二次攻撃隊ノ要アリ」と黒板に書いて、隣を飛んでいる僚機に見せて電信を打たせたのです。これは連合艦隊の司令部もキャッチしている。そこで、第二次攻撃隊が海用になっていた爆弾を陸用に換えたというのが第一回の兵装転換ということになっている。

半藤　ええ、その時、第二次攻撃隊は、第一次の百八機と同じくらいの数の飛行機が待機していて、敵艦船を攻撃するために、半分は魚雷を積み、半数は艦船用の爆弾を積んでいた。午前四時に友永大尉からの報告が入った直後の、四時五分にはミッドウェー基地からの敵陸上機が来襲し、数分後には機動部隊の上では零戦《ゼロセン》との間で空中戦が始まっている。そのドンパチの真っ最中の四時十五分に、海上攻撃用の装備を陸上攻撃用に換《か》えろという命令が出た、というわけなのですが……。

澤地　正確には「第二次攻撃隊本日実施　待機攻撃機爆装ニ換ヘ」ですね。第一航空艦隊の『戦闘詳報』にはそう書いてあります。

半藤　ええ。ところが、その十三分後の四時二十八分、索敵機《さくてきき》「利根《とね》四号機」が「敵ラシキモノ一〇隻《せき》見ユ」と打電してくる。つまり、それまで敵の機動部隊、つまり艦船は出てこないと思いこんでいたところに、思いもかけず索敵機からの報告が入った。

そこで、いったん海用から陸用に換えていたものをまた海用に戻した。これが四時四十五分となっている。

澤地　そうそう。

半藤　そして、四時五十分には友永隊が空母の上空に帰ってきて、その機体の収容が始まったのが五時三十七分。その前の五時二十分には利根四号機から敵空母がいるという報告が来て、いよいよびっくりした。

澤地　利根四号機が「敵ハ其《そ》ノ後方ニ空母ラシキモノ一隻伴フ」と打ってきたのですね。それまで機動部隊は何度も利根四号機に対して「艦種確メ触接《しょくせつ》セヨ」とか「艦種知《しら》セ」と打電していて、利根四号機の報告をいわば疑っている。だから、空母がいるという知らせを受けるまでの約一時間、機動部隊はいったい何をしていたのか、という疑問が出てくるのですね。

この五時二十分の少し前、五時十九分に「蒼龍」と「飛龍」が盛んに発砲している。つまり、敵の爆撃機がもう空母の上空に来ている。この時「蒼龍」の周りには猛烈な勢いで爆弾が投下されていて、もはやこちらの命運が危うくなり始めている。「飛龍」から指揮をしていた第二航空戦隊の山口多聞《たもん》司令官は、早く自分たちの攻撃隊を発進させようと旗艦《きかん》の「赤城」に意見具申《ぐしん》しています。発光信号で。

半藤　そのことは「飛龍」の生き残りで当時掌航海長だった田村士郎さんも証言しています。利根四号機の「敵ラシキモノ見ユ」の打電がある前から、「敵機動部隊出現の算大なりと思考する、考慮せられたし」という信号を「赤城」に送っているというのです。そして利根四号機から「敵ハ其ノ後方ニ空母ラシキモノ一隻伴フ」という打電が入ると、「飛龍」は「現装備ノママ攻撃隊直チニ発進セシムルヲ必要ト認ム」と緊急の信号を送ったと言うんですね。

澤地　その時「飛龍」だけは他の三空母からは少し離れた位置にいるのですね。最初は整然と陣形を組んでいたのが、だんだん崩れていって「飛龍」だけが離れていた。だから田村士郎さんが言っているように、兵装が陸用だろうが海用だろうがそのまま飛び立てばよかった。なにより甲板に飛行機を待機させたままでは飛行機が被弾する恐れがあるわけですから、一刻も早く発艦させるべきだった。現装備のまま攻撃に行けばよかった、と。

半藤　結局、米機動部隊から飛来した雷撃機《らいげきき》は零戦によってほぼ撃ち落とされたものの、そのあとに突然現れた米軍の急降下爆撃機隊によって「飛龍」を除いた三空母は瞬《また》く間に命中弾を受け、炎上してしまった。この急降下爆撃隊は、もちろん南雲司令部がいないものと確信していた米機動部隊から発艦したものです。

澤地　生き残った「飛龍」だけが敵の空母を攻撃するために攻撃機を飛ばすのですね。二回にわたって攻撃隊が出ていくのですが、それぞれが同じ空母を攻撃しながら敵の二隻の空母に打撃を与えたと勘違いしてしまう。結局そのどちらも米空母「ヨークタウン」だったんですが、米側は空母はその一隻を失っただけで、日本側は「飛龍」もその後やられてしまい、機動部隊の四空母全てを失ってしまった。

〝神話〟の誕生

半藤　そこで、この予想外の大敗の原因を説明するために「運命の五分間」という〝神話〟が登場するのです。これは昭和二十六年に出版された淵田《ふちだ》美津雄《みつお》・奥宮正武《おくみやまさたけ》両氏の『ミッドウェー』が戦後ずっとこの海戦についての〝定本〟とされてきたからです。澤地さんはこの『ミッドウェー』と『戦闘詳報』を読み比べ、いくつもの食い違いがあることを見つけた。『戦闘詳報』は旗艦「赤城」で書かれたものです。澤地さんはまず防衛庁の防衛研究所戦史室でこの『戦闘詳報』を見つけられたのですよね。

澤地　そうです。戦史室で閲覧を許されたのが、「第二復員省」と刷られた用箋《ようせん》に書かれた『機動部隊戦闘詳報』というものでした。それと、昭和四十六年に出版されていた角田《つのだ》求士《ひとし》氏が執筆した『戦史叢書《そうしょ》　ミッドウェー海戦』を読み比べたのです。すると、この『戦史叢書』が資料としている『戦闘詳報』は私が見たものと微妙に食い違っていた。そのことを「サンデー毎日」に書いたら、戦史室に『戦闘詳報』の原本があることが分かったんですよ。

半藤　澤地さんの取材をきっかけに『戦闘詳報』の原本が初めて公《おおやけ》になった。そこには淵田さんと奥宮さんの『ミッドウェー』には書かれていない非常に重要な記述があった。その一つが「予令」の問題です。午前一時三十分に第一次攻撃隊の友永隊が発進して、続いて索敵機もすぐに発進している。この時、故障が見つかったということで、利根四号機だけは三十分遅れて発進している。そして、索敵機が発進してから一時間も経たない二時二十分に「予令」なるものが出たと『戦闘詳報』には書かれている。つまり、空母四隻の攻撃機に対して予《あらかじ》めこういう準備をしておきなさいという命令が出されていた。

澤地　その「予令」には、「敵情特ニ変化ナケレバ第二次攻撃ハ第四編成（指揮官加賀飛行隊長）ヲ以《もつ》テ本日実施ノ予定」と書かれている。

半藤　「敵情特ニ変化ナケレバ」ということは、南雲司令部は始めから敵機動部隊は出撃してこないと確信していたわけですから、素直に読めば、第二次攻撃隊もミッドウェー基地攻略のために早めに備えよ、すなわち陸上攻撃に備えよ、ということになる。しかも、索敵機からのなんらの報告を聞かないうちに「予令」を出している。つまり、索敵機は飛ばしたが、どうせなにも発見しないだろうと思っていた。つまり敵機動部隊は出動して来ないものと決めこんでいた。だから、澤地さんは、この「予令」の時点ですでに兵装を海用から陸用に換えていたのではないか、と考えた。この時点ではまだ友永さんの「第二次攻撃隊ノ要アリ」という無電も来ていない。

澤地 まだ来ていませんね。

半藤 じつは、戦後五十年を記念してミッドウェー海戦の生き残りの搭乗員や整備の人たちが集まった「検証ミッドウェー海戦」というやや極秘の、彼らだけの大座談会があって、私はそこにとくにお願いして出席していろいろと話を聞きました。その時にこの「予令」を聞いたかどうか確かめたんです。ところが、生き残りのほとんどの人がそんなものは聞いた記憶がないと言う。

澤地 私が取材した時も、機動部隊の幹部だった人たちははっきりしたことを言わない、「予令」については言葉をにごしてましたね。

半藤 ただ、「聞いた記憶はないけれども、海用から陸用への兵装転換は早めにどんどん行われていた」と言うのです。艦の飛行甲板上で、魚雷を外して八百キロの陸用爆弾に換えていたと。それでその後、甲板を空けねばならなくなって格納庫に下がり、そこでまた魚雷に積み換えることになった。そのため八百キロの陸用爆弾は格納庫に置いたままになり、これが米軍の急降下爆撃機の攻撃で引火してしまい、致命傷になったと言っている。

ということは、この「予令」そのものが本当に下令されたものかどうか、雲を摑《つか》むような話になった。座談会に集まった下士官たちの誰も記憶がないと言うのですから。

澤地　そうなんですね。この『戦闘詳報』自体、〝作文〟の可能性があるわけです。というのは、これ以前の段階で六月五日の未明、第一航空艦隊司令部から「敵空母ノ算ナシ」という信令第一号が出されている。「敵情特ニ変化ナケレバ」という「予令」はこの信令の延長線上にあるわけです。すると、もっと早い時点から陸用の爆弾に転換していたとしてもおかしくない。

定説であれば、四時十五分の爆装転換命令から四時四十五分の雷装転換命令までわずか三十分しかない。平穏な航海中に兵装転換の実験をした資料があり、それによると、あいつぐ敵襲の真っ最中に、わずか三十分間で陸用爆弾につけ換えられたはずはない。魚雷というのはじつに大きいのですね。この海戦で使われた魚雷は「九一式魚雷」といって全長が五百四十二・七センチもある。定説にしたがっても、再度の雷装命令が出た時、陸用に換わっていない飛行機がほとんどだったはずなんです。

半藤　そんな短い時間でどうやって海→陸、陸→海と二回も入れ換えるのかと、普通はそう思いますよね。

澤地　だから素人の私はどうしてなのかと疑ったのです。角田さんの『戦史叢書』には兵装転換実験について、魚雷から陸用の八百キロ徹甲爆弾に転換するのに二時間半、逆に八百キロ徹甲爆弾から魚雷に転換するのに一時間半かかったと書いてある。あきらかに矛盾するんですよ。

半藤　当然矛盾するのだけれども、当時の日本海軍の力をもってすれば不可能なことはないのだと(笑)。

澤地　精神力ですか(笑)。いずれにせよ、ミッドウェー島に上陸させなければ自分たちの任務は終わらないと考えていた人たちが、いるはずはないと思いこんでいた敵空母のためにわざわざ魚雷をくっつけているわけがない。私のような素人が言うのもおかしいけれど、普通に考えればそうですね。

半藤　だが、それを認めてしまうと、機動部隊司令部は「機動部隊攻撃用に備えておけ」という連合艦隊司令部の指令に背《そむ》いていたことがはっきりしてしまう。これはあまりに重大すぎる。だから、淵田さんと奥宮さんの『ミッドウェー』が刊行された時点で、永久に「運命の五分間」説で統一しようと、おそらく海軍は決めちゃったのですよ。

ミッドウェーと日本人

澤地　海軍の嘘と言えば、四空母を失った二カ月後の八月五日の編成表では、「赤城」と「飛龍」という二つの空母はまだ生きていることになっている。それで半藤さんに聞きたいと思ったのですけど、昭和天皇はミッドウェーで四空母がやられたことを知らなかったのでしょうか。

半藤　それは知らなかったでしょう。正しい報告をうけていなかった。

澤地　というのは、天皇が海戦のあとの六月八日、「今回の損害は誠に残念であるが、(……)士気の沮喪《そそう》を来《きた》さざる様に注意せよ。尚《なお》、今後の作戦消極退嬰《たいえい》とならざる様にせよ」と軍令部総長に注意したと内大臣《ないだいじん》の木戸《きど》幸一《こういち》に言っているでしょう。もし、四空母が沈められたと知っていたらこういう言葉が出てきたかどうか。

半藤　そうですね。新たな艦隊編成表に載るということは天皇の裁可《さいか》がなければできないことですからね。軍隊編成権は大元帥《だいげんすい》の統帥大権《とうすいたいけん》ですから。つまり、軍令部が天皇に嘘の報告をしていたのです。天皇は正直な人ですから、知っていたらこうした嘘の編成表に裁可は下さなかったと思いますよ。

澤地　ただね、『高松宮日記』を読んでいると、ミッドウェー海戦のすぐあとに高松宮は弟の三笠宮《みかさのみや》と一緒に沼津の御用邸《ごようてい》に天皇に会いに行っている。高松宮自身は大本営の海軍参謀ですから、四空母喪失のこともすべて知っている。だから、この時兄弟の間で「じつは……」というやり取りがあったのではないか、と思ったのです。

半藤　高松宮はおそらく黙っていたのでしょうね。米空母も二隻沈めたと思っていたから、ともに二隻の喪失で戦いは互角であったと、そのぐらい軍令部は平気で嘘をついていたのですよ。高松宮は軍令部の部員として真相は言えなかったのでしょう。日中戦争以来、どうも陸海軍とも、天皇にまで「大本営発表」をやっていた節があります。たとえば、『昭和天皇独白録《どくはくろく》』（昭和二十一年）を読むとびっくりしますが、天皇はノモンハン事件（昭和十四年）の真相も知らされていなかった。

澤地　昭和十三年七月の張鼓峰《ちょうこほう》事件では、昭和天皇が陸軍大臣の板垣征四郎《いたがきせいしろう》を詰問しています。増兵の陸軍案は裁可されず、板垣は辞表を提出しようと近衛文麿《このえふみまろ》首相に伺いをたてている。

半藤　そうです。しかし、ついにノモンハンでの大敗の実相を奏上《そうじょう》してはいません。

澤地　ミッドウェー海戦で日本軍が読み違えたのは、アメリカ人には日本人の大和魂《やまとだましい》のようなファイティング・スピリットがないと思いこんでいたことです。日本人の多くは、アメリカは個人主義の国でしかも女性優位の社会だから、男どもは戦場に来てもすぐに逃げ出すだろうと本気で思っていた。
たしかに、アメリカのパイロットたちは日本のパイロットに比べれば練度も低いし、つい昨日まで学生だったような若者がたくさん駆り出されている。でも、彼らは勇敢でした。

半藤　そういう意味では、米軍は予備学生出のインテリゲンチャがたくさん死んでいったわけですね。

澤地　それにしても、調子に乗って勢いづいている時の日本人というのはとても脆《もろ》いですね。バブルの崩壊なんかもその例だと思うけれど。悲しいことに、かつての教訓がなにも活かされないで同じ過《あやま》ちを繰り返していく。

半藤　そうですね。ミッドウェーの場合は作戦計画は非常に綿密に練っていたのですけどね。日本人は計画を作るのは好きだから。

澤地　でも、最初の計画が外れた時にはどう対処するか、二段構え、三段構えで計画を練るということはないのですよ。自分たちに都合のいいように事が運ぶと信じ切っている。

半藤　たしかにそうですね。一度決めたことはなかなか覆《くつがえ》せないというか。

澤地　そして失敗した時は誰も責任を取ろうとせずに、隠蔽《いんぺい》しようとする。だから教訓が活かされないわけですが。

半藤　私からも一つ言わせてもらうと、従来ミッドウェー海戦の敗因として、「運命の五分間」以外にも、重巡洋艦《じゅうじゅんようかん》「利根」の索敵機の発進が三十分遅れたために、敵空母を発見するのが遅くなった、と責任を索敵機に押しつける説がありました。

澤地　そうでしたね。

半藤　しかし、そんなことはない。甘利《あまり》兵曹の乗った利根四号機はじつによく働いているんです。敵艦隊を発見したあとも、利根四号機は司令部から「艦種知《し》らセ」と再三言われて、もう一度戻って「敵ハ其ノ後方ニ空母ラシキモノ一隻伴フ」と知らせる。もう一度敵の上空に戻って索敵するということは非常に危険なことで、それこそ命懸けです。

澤地　しかも燃料がぎりぎりで、「我《ワレ》燃料不足」と打電していますね。

半藤　さらに敵空母を発見したあとに、敵空母から発進した攻撃機を追いかけて、敵艦載機が我が方へ向かっているという電報も打っている。

澤地　本当によくやっていますね。

半藤　本来ならば利根四号機ではなくて、筑摩《ちくま》一号機という索敵機がずっと前に敵の機動部隊の上空を飛んでいるはずなんです。これは秦郁彦《はたいくひこ》さんが実際に本人から聞いた話ですが、この筑摩一号機の黒田という大尉が秦さんに「じつはミッドウェー海戦の敗因は自分にあるんだ。自分は雲の上を飛んでいたんだ」と話しているのです。

澤地　それでは索敵機の役目は果たせないじゃないですか。

半藤　そうなんですよ。どうせ機動部隊はいないのだからと思っていたと言ったそうです。利根四号機は筑摩一号機の南側を飛んでいて、自分の索敵線以外で敵を発見したわけです。敗因になったなんてとんでもない話です。

澤地　ところが、この利根四号機の甘利兵曹はそのあと戦死してしまい、やはり戦死した第一次攻撃隊の友永大尉とともに敗因を作ったとされてしまった。死人に口なしというわけですね。

半藤　そのあたりは日本海軍もなかなかに工作するというところです。

澤地　あとは、海軍が定説化してきた敗因のあれこれを、これからの若い人たちがしっかり検証するように願うしかないですね。

半藤　ミッドウェーはこれまでとして、次の「満洲《まんしゅう》」に移りましょうか。

満洲という「国家」

澤地　半藤さんの『ソ連が満洲に侵攻した夏』（文藝春秋）を読んで、あらためて、満洲とはいったいなんだったのか、日本の近・現代史の中で満洲をどう位置づけるべきなのかを考えさせられました。

これまでは、満洲で生まれ育った人たちがノスタルジーをこめて自分の体験を主観的に語ることが多かったけれども、この本では、戦争が終わった時に、満洲で膨大な数の日本人が棄民《きみん》状態に置かれることになった国家の最高決定、軍の動向、さらには世界情勢をも含めて包括的に見ようとされていますね。

半藤　これまで終戦時の満洲を取り上げてきた本というのは、百万人を超える棄民にまつわる悲劇的な話題の本が八割以上、つまり被害者としての体験談で、残りは関東軍関係者による「我々は命令にしたがって全力をつくして一所懸命やっただけであって、責められる必要はない」という弁明ばかりです。たしかに終戦時の満洲というのは悲惨な歴史的事実で、どうしても感情的にならざるをえない。そういう被害者の眼ではなくて、日本人、とくに昭和の人間にとっての満洲とはなんであったかを、一度冷静に、かつ丁寧に書いておかなければならないと思ったのです。

澤地　いま私は沖縄で学生として若い人たちと一緒に勉強していますが、若者は戦争を知らないと痛感させられます。たとえば中国人留学生と話をしていて、昭和七年の第一次上海《しゃんはい》事変が、満洲建国を隠すための田中隆吉《たなかりゅうきち》の陰謀であると言うと、「本当ですか？　それはおもしろい」と驚かれる。あるいは講義の中でグローバリズムが話題になった時に、「それは八紘一宇《はっこういちう》とつながるのですか」と質問した学生がいて、私は思わず「え⁉」と驚きました。

最近よく「自虐的な歴史観はよくない」と声高に言われるけれども、まず若い人たちに、実際に何が起きたのかという事実を検証してみせてから、それをどう判断するか考えてもらう手順が必要だと思いますね。

半藤　先日宮崎へ行きましたが、ここには昭和十五年、つまり皇紀二千六百年に建てられた「八紘一宇の塔」がありました。戦後、「平和の塔」と名前を変えて残されています。最近また「八紘一宇の塔」に戻したという話を聞きましたが……。意識としては最近の日本人は、いつの間にか「八紘一宇」に回帰しているのかもしれない。でも、グローバリズムとはなんの縁もない（笑）。

澤地　歴史の事実が、いかに若い人に伝えられていないか。歴史が表面に出てくる時——政治家や偉い人たちが口にする時には、ある断定的なことを言う。しかし一般の人たちには、歴史事実ははるか遠いところにありますね。

半藤　私はいわゆる左翼の人たちがどうしてこの八月九日以後の満洲における事実を取り上げてこなかったのかと思います。そうした歴史書では、ソ連侵攻に関して不思議なくらいきちんとした記述がない。あれば被圧迫民族解放史観というわけです。戦後の歴史を書いてきた人たちが、総じて避けてきたと思うんです。

澤地　歴史事実と向かい合うことが嫌だったんでしょうね。

半藤　張作霖《ちょうさくりん》爆殺、満洲事変や上海事変など、日本の陰謀史観についてはよく調べて書かれてますけれども、では中国がどうであったか、あるいはソ連、アメリカ、イギリスはどうであったかというグローバルな視点が欠けている。彼らだってしきりに密約をかわしている。

どうも、日本人というのは歴史を右か左か、善か悪かはっきりした立場で割り切らないとおさまらない性癖でもあるのでしょうか。歴史というのは、非常に複雑な因果関係が結び合ってますから、単純に善玉・悪玉と分けて理解することはできない。たとえば日本の海軍と陸軍を比べただけでも、海軍イコール善玉、陸軍イコール悪玉と言われる傾向がありますが、こんなバカげた見方はない。

澤地　両方から袋叩きに遭った人間としては絶対そんなことはないと声を大にして言

いたいです（笑）。

半藤　日本人は、一般的に歴史事実を記録する努力が足りないだけではなくて、歴史感覚そのものが欠如しているのではないかという気もします。

維新以来の日本の近・現代史と大きく話を広げるまでもなく、日露戦争後から太平洋戦争の終戦まで、僅《わず》か四十年間の激動の中で、一番の焦点はこの満洲なのです。日本人の〝失敗の研究〟を示すのにいちばん学ばねばならないことだと思うのですが、ではこの満洲は何かということになると、やはり簡単にはいかない。

澤地　日本は市民社会としてまだ若い。はっきり言って未熟だと私は思う。だからきちんと事実の検証をしようとしても、左右両極が反対する。双方が主観的な言葉の投げ合いに終始して、実のある「事実」がなかなか残らない。

私は昭和が終わった時に、「昭和という時代」の総括が行われるだろうと思っていましたが、なにもなくて、なんだかコケにされたような気がしました。とくに戦争が終わるまでの昭和――つまり戦争の時代の昭和を自分の守備領域にしようと思って、こつこつ本も書き、勉強してきましたが、とても虚しくなって、もう知らないという感じでした。

「満洲国建国は壮大な実験であった」とか、「理想主義が途中で潰された」という人たちがいますね。その認識を支えているのは、「日本の満洲建国が悪いというならば、イギリスはじめヨーロッパ諸国は全部同じことをやっていたではないか」という論点ですが、「よその資本主義国家が先にやったことだから、日本がやってなぜ悪い」という論理を押し通すのは難しい。それで失うものの大きさについて考えなかったのではないですか。

半藤　日本人は植民地《しょくみんち》経営なんかできない民族なのですね。日本の歴史を通して考えると、不思議なことに、敵の領地を奪って進駐し、占領政策を実施した経験があまりない。たまにやっても失敗する。

たとえば土佐藩《とさはん》がある。戦国時代に長宗我部《ちょうそかべ》氏が築いた領地に強引に乗りこんでいった山内一豊《やまのうちかずとよ》が土佐藩を統治して、長宗我部氏の一党を迫害した。彼らは郷士《ごうし》としてまとまり、それが明治維新で逆転して、迫害された郷士たちが原動力となり、まさに積年の鬱憤《うっぷん》を晴らした。このように歴史を見ていくと、とても植民地を統治できるような民族ではないことが分かる。

澤地　「夜郎自大《やろうじだい》」という言葉がありますが、実力がないくせに威張りすぎると思う。私は満洲で育ちましたが、いまの北朝鮮と中国との国境線に近いところに修学旅行で行った時に、白木の高い柱が立っていたのを覚えています。そこに「加藤清正《きよまさ》遠征の地」と墨痕淋漓《ぼっこんりんり》、書いてあった。私にはよく分からないながらも違和感がありました。

半藤　朝鮮の言葉で「清正《チンジャ・》が来た《ワッソ》」という表現があります。駄々をこねて泣いている子供をおとなしくさせるのに言う言葉だそうですが、象徴的な言い方ですね。歴史を見ると日本人というのはイマジネーションが非常に貧困で、他民族の痛みにまで理解が及ばない。それを考えもせずに満洲を経営しようとした。

澤地　それが大きな間違いですね。満洲は少々の広さではないですよ。だいたい農業を経験したことのない子供を開拓団に動員してもしようがないのに、私は学徒動員で開拓団に行きました。

中国人が耕していた土地を奪って畑にしていたわけですが、広大な農地では大豆や葉タバコを作っていました。畑の一本の畝《うね》が信じられないくらい長い。草取りも、手で毟《むし》るのではなくて、鋤《すき》で掻《か》いていくのです。夜は電気がないから、カーバイドを燃やす。泥の家でオンドルがあり、冬はいいのですが、夏は猛暑のうえにオンドルの竈《かまど》で煮炊きするから、寝る時は暑くて死にそうでした。

しかも兵隊にとられてまったく男手がない。もうじき子供が生まれそうだという家があって、「その時は女学生さん、お願いします」と言われて、震え上がって、「私たちがいる間には生まれませんように」と祈っていました。

半藤　もちろん良識のある人たちもいて、たとえば日露戦争が終わった時に、南満洲鉄道をアメリカと共同で経営しようという案がありました。鉄道王と言われたエドワード・ハリマンと伊藤博文《ひろぶみ》との間で話が決まりかけたところに、ポーツマスから帰ってきた小村寿太郎《こむらじゅたろう》が強引にひっくり返して、日本が経営を独占してしまう。私はこの瞬間に、日本の近代史の歯車が狂い始めたと思います。

日本人が満洲を自国の領土であるかのような見方をし始めたのは、おそらく小村寿太郎がハリマンとの契約を白紙に戻した時からでしょう。だから、のちに若干《じゃっかん》の反省はあったと思われるのは、外務省に陸奥宗光《むつむねみつ》の銅像は立っても、小村寿太郎の銅像は立たなかった。つまり、戦前でも、広大な満洲を日本人だけで経営するのは無理ではないかという良識がなかったわけではない。しかし、満洲をとにかく統治下に置くという「後《おく》れてきた帝国主義」を実践し始めた瞬間から、大日本帝国は軍事国家たらざるをえなくなった。

「捨て駒」としての人々

澤地　私は、多くの人が引き揚げの苦労話を書く中で、自分の体験はあまり書きたいとは思わなかった。ただ、当時のことを簡単に言いますと、昭和二十年八月八日夜に寝ついて、午前一時頃にドカンと音がしたのです。私の家は吉林《きつりん》駅のすぐ傍でした。聞いたこともない轟音がして、空がぱーっと明るくなった。ソ連が日本に宣戦布告をして、飛行機が飛んできて、駅に照明弾を落としたのです。かなり時間が経ってから空襲警報が鳴ったような気がしますが、ずいぶん象徴的な記憶ですよね。

私は七月十日に動員先の開拓団から吉林に帰ってくると、通っていた女学校が陸軍病院になっていて、そこで陸軍三等看護婦見習いの訓練を受けていたのです。ソ連が攻めてきてからは、病人や怪我人がどんどん送られてくるのを収容して、私たちは直《ただ》ちに看護の実践をさせられましたが、しかしそれも八月十五日に理由も分からないまま解隊式がありました。

半藤　病人がいたままでも解散したんですか。

澤地　そうです。解隊式は吉林神社で行われました。すでに学校の先生は根こそぎ召集され、若い男性がいないから、みんな軍医や衛生兵長に憧れていた。当時は軍国主義一色と言われるけれども、実情においてはずいぶんいろいろな感情が混じっていたわけです。それで解隊が悲しいのではなくて、別れが悲しくてみんな泣いたのです。

それが昼の十二時頃、その後メインストリートを通って、陸軍病院に兵長殿を送っていく途中で、「日本は負けた」と中国人の子供が旗を振っていましたが、私はなんったのか分からなかった。いま思うと青天白日旗《せいてんはくじつき》でしたが、「兵長殿、日本が負けたって言ってますけど、ほんとですか」と聞いたら、『戦陣訓《せんじんくん》』の中に流言《りゅうげん》に惑わされずとある」と、兵長殿が言ったのです。それで私はそういうものかと思って納得した。ところが家へ帰ったら、父が「戦争は終わったよ」と言ったのが私にとっての敗戦でした。ただ、涙はそのことでは一滴もこぼさなかった。

半藤　とにかく満洲というのは、私の小学生時代の記憶では、ほんとに日本の属国と思っていました。満洲国という独立国とは思っていなかった。

澤地　いまでも「澤地さん、国籍は中国人だったんですか」と、真面目に訊かれる。でも私は日本人の国籍から離れたことはないのです。現地で生まれた日本人も、日本国籍を抜けることはない。なぜ私がそんなことを言うかというと、書物などだけで満洲のことをフォローする人には満洲の実情は分からないかもしれないからです。私はあまり体験を語りたくないけれども、実際にその時はこうでしたという大事な内容はあるんだろうと思う。

半藤　私も自分の体験を語ったことはあまりないのです。と言っても私の場合は空襲体験なんですが、書いたことなんか一度もありません。たぶん早く忘れてしまいたいんでしょうね。昭和二十年三月十日の東京大空襲で、家を焼夷弾《しょういだん》で直撃されたんですよ。普段から訓練されてましたから、火を消そうなんて健気《けなげ》にも思って、それで逃げ遅れました。あとは火に追われてとうとう中川に飛びこむ羽目になった。岸ではずいぶん多くの人が焼け死にました。川の中は人でいっぱいで、泳げない人にしがみつかれて、それはもう死ぬんじゃないかと。でも、舟を出して救助している人に、うまく襟首《えりくび》をつかんでもらって引き上げてもらって、九死に一生を得たんですよ。

それからも勤労動員中でしたから、死体整理という話したくはない体験をさせられたのですが。中学二年生にはずいぶんと酷な作業でした。で、あんまり戦争中の自分のことは語りたくはないんです。語っても、正しく伝えられるとも思えませんね。風化させないように語るべきだ、なんて自分で偉そうに言うこともあるのに、やっぱり自分にしか分からない事実があると、そんなふうに思ってしまうのですよ。

澤地　満洲国が綺麗事だけであるはずがない。ただ、それは建前で否定するのではなくて、体験して知っている人がこういう事実があったときちんと伝える。知らない人はそれをもとに自分で判断をしてくれるほうがいい。

半藤　澤地さんには悪い話でしょうが、満洲では、かなりいい思いをした日本人も多かったはずです。

澤地　それはそうです。インドのカースト制度ではありませんが、どんなに下積みの日本人であっても、他の民族よりは上なんですから。朝鮮人、台湾人、漢民族、満洲族、蒙古人《もうこじん》、白系ロシア人と多民族の集団でしたが、日本人であるというだけでもっとも上の層にいた。

いちばんよく分かるのは、配給の内容です。日本人には米と砂糖の配給が確実にある。中国人には砂糖はなかった。それで「五族協和《ごぞくきょうわ》」とか「王道楽土《おうどうらくど》」などとはとても言えない。「満洲国国歌」の歌詞は、「この世界に新満洲あり／苦しみなく憂いなきわが国」という内容です。しかし、反満抗日ゲリラは、「この世界に偽満洲国あり／苦しみと悲惨／不自由は十倍」という替え歌を歌っていたそうです。

もちろん、国家としての体裁は整えていました。日本の占領初期にＧＨＱにいたニューディール派のように、少数ながら理想に燃えて働き、倒れた人もいる。だから日本人が全部悪いと言うわけにはいかない。しかし、悪意だけがあるとは思えない日本人が、中国人ゲリラを討伐《とうばつ》する時の隊長になり、首級《しゅきゅう》をあげた祝賀会でみんなが万歳している写真が残っているのを見ると、私は複雑な気持ちがする。その指揮官は戦後に一家自決して死んでいますが。

満洲に関わったことは、主観的には、理想に燃えてのことかもしれませんが、客観的には侵略し、支配者の位置にいたことを認めるか認めないかに二分されるものです。

その点で昭和史の見方が綺麗に二つに割れてしまう。「満洲国」にはいろいろな側面があるけれども、間違いだったという見方と、いや、傀儡《かいらい》国家ではなかったという二つの見方に日本人の歴史観は割れるのだろうと思う。

半藤　いまのお話の繰り返しになるかもしれませんが、たしかに日本の満洲進出には二つの側面があるのですね。一つは必ずしも日本の領土化という主目的ではなく、「五族協和」というスローガンに象徴されるような、住民との協調のうえで、共存共栄の国造りをしようとしたんだ、という理想主義的な見方です。他国の領土の奪取じゃないんだ、経済的搾取《さくしゅ》なんかするつもりはなかった。新しい国づくりであった。そう信じぬいている人がいる。その意味では朝鮮や台湾とは違うとその人たちは主張する。

その一面もたしかにあったでしょう。しかし、現実には日本の国防安全のための緩衝帯《かんしょうたい》としての植民地でしかなかった、という見方の方が正しいとする議論もある。軍事戦略上はまさにそのとおりだったのでしょう。それはもうソ連に対する国防の生命線としての満洲でしかなかったわけでしてね。それが証拠に、大正から昭和への日本の近代史は、満洲という植民地を持ったゆえに、巨大な陸海軍を建設し、国家予算の半分近くを使って整備育成、そして強大化し、四囲《しい》にたえず牙《きば》をむいているような軍事国家になったわけですからね。という具合に、満洲を語ると、その人の立場がだいたい分かってしまうわけですね。

澤地　踏み絵のような性格を持っている。私の立場で言うと、子供時代を満洲で過ごしたことが弱みであり、強みですね。ただ、名目は実験国家であったにせよ、もし独自の生命を持っている「国家」であったら、日本がポツダム宣言を受諾《じゅだく》しても、満洲国は残っていいわけでしょう? しかし日本の敗戦と同時に消えてしまった。

半藤　それはたしかに不思議なことですね。本来堂々たる独立国家だとすれば、戦争に負けたって消える必要はないのに、消滅してしまった。

澤地　私たちも現地にいられる正当な理由があるのなら、引き揚げる必要はなかったわけです。生活の継続があっていいはずでしょう。いかに独自な主体性がなかったかという点でまさに植民地です。

昭和十一年、関東軍司令部作製の『満洲国の根本理念と協和会の本質』に、「満洲国の宗主権《そうしゅけん》は実質上皇道聯邦《こうどうれんぽう》の中心たる日本　天皇に在《あ》り」云々とあります（みすず書房『現代史資料・11』）。どんなに日本人にとって都合のいい事柄を拾い上げたとしても、やはり満洲国は植民地、傀儡《かいらい》国家であり、幻の国ですね。私にとっては、八月十五日を境にして、大日本帝国という国はなくなってしまった。国家というのはなんと勝手な時になくなるんだろうと外地にいて思った。国家に対する不信感はその時から消えません。

満洲国も消え、中国人が主人になったわけですが、私たちは卑屈になりました。職場はすべて閉鎖され、身の周りのものを売って食いつなぎながらいつ帰れるかと悩んでいたのです。病気や襲撃に対して家族か個人単位で自分を守る以外に、誰も守ってくれない。私は、国ってなんて頼りないのかと思った。軍隊も主力部隊は早くから南下していました。

半藤　そう、大本営の命令を受けて、先に関東軍はどんどん主力を南へと下げていました。いまでも、あれは命令であったからやむをえない処置だったと、関東軍の元参謀たちは言います。でも居留民《きよりゅうみん》や開拓民にはいっさい知らせようとはしなかった。しかも、国境線に残した部隊は勇戦力闘したと、弁解ではなく誇らしげに言う。

澤地　残された軍隊も、移動のための捨て駒として、時間稼ぎに使われたわけですね。谷口信《ただし》の『仔羊たちの戦場』という本によると、ソ満国境付近の東寧《とうねい》では新京《しんきよう》一中の十四歳から十五歳の中学生が、私たちと同じように開拓団に動員されていた。六月十日から七月十日までの予定が一カ月延びて八月十日に戻るはずが、八月九日未明にソ連が攻めてきて、この中学生たちはひどい目に遭う。考えてみたら、結局これも時間稼ぎのオトリ、捨て駒なのです。だから実際に起きたこととして、いろんな本を読んでいくと、それぞれの人の中で満洲への理解が深まるだろうと思う。五味川純平《ごみかわじゅんぺい》の『人間の條件《じょうけん》』や『虚構の大義《たいぎ》——関東軍私記』なども含め、本は重ね合わせて読んでもらいたいですね。

半藤　ただ正直に言うと、悲劇的な記述の本が先に出すぎている観があるから、満洲というと、被害者的な意識が先に立ち、みんな感情的になるんです。実際問題としてもう少し広い意味で満洲を、近代日本の大テーマとして考え直したほうがいいのではないかという気もします。

和平工作と満洲

澤地　もう一つ言いたいのは、開拓団というのは男という男は全部軍隊に持っていかれて、残るのは女子供と、年寄り、病人ばかり。八月九日から移動を開始しているわけですが、女子供が壮大な行程を歩いて行く中で、集団自決もあるし、襲撃されて死ぬ人もいた。
だからこそ、開拓団の状況を知っている軍関係者が成人男子を根こそぎ召集したことは、犯罪だと思う。国境線近くで、孤立した場所にある開拓団の女子供がどうなるかは、軍人の頭にはない。草地貞吾《くさちていご》の『その日、関東軍は──元関東軍参謀作戦班長の証言』には、「軍の主とするところは戦闘である」とあり、「終戦後、治安の不良は、もはや関東軍の責任ではありえない」と書いている。ではなんのために戦闘するのかと私は聞きたい。

半藤　「国民の軍隊」ではなく、「天皇の軍隊」なんですよ。そもそもが日本軍部は国民を守るために戦う軍隊ではなかったのですよ。

澤地　だって天皇は満洲にはいないんですよ。

半藤　満洲にいなくても、日本の軍隊は天皇を守護するための天皇の軍隊なんです。天皇のいる本土を守るため南へ下るのだと、軍は思っているのです。しかもほんとうに不思議なのは、敗戦後に軍部は日本人の残留希望者を全部満洲に残そうとしたでしょう。要するに他国なのに、希望者を残してそこで生業《せいぎょう》を立ててもらおう、と軍は思ったわけです。ソ連の最高司令官に、日本人の「労働力の提供もやむをえない」という手紙まで出している。当時の日本の軍指導者は、とてつもない誤解をしていたのですね。満洲はソ連のものではなく、中国領土なのですよ。それなのにソ連に頼んでいる。

澤地　怖いのは軍人の錯誤が、政治家にも伝染していたことです。戦争が終わったあとの帝国議会の中での論議などで、「現地で生業を立ててもらうのがいちばんよろしいのじゃないか」という答弁が残っている。軍人と同じ発想ですね。

ソ連が攻めてきた時も、開拓団の人たちはなんにも状況を知らされてない。新京の列車は軍関係者ばかりが乗って出発した。新京から九月には日本に帰ってきている人がいます。生きて帰ったことを悪いとは私は言いませんが、複雑な気がします。

半藤 あとで聞いた話ですけど、人が殺到するのを避けて、列車をわざと駅へ着《つ》けないでおいた。離れたところにある引込線に着けて、列車の罐《かま》を焚いて、いつでも発車できる状態にしておいて、関係者には暗号のようにして出発を知らせたのです。知ってる人だけは駅へ来ないで引込線に行き、列車に乗ったそうです。知らない人は皆駅に殺到したが、汽車はもうないと言われる。そういう意味では組織的犯罪ではあったのですね。

もう一つ、読者からの手紙にあったことなのですが、関東軍総司令官の山田乙三《おとぞう》大将の夫人が無事に逃げ帰ったことに関連する話です。朝鮮の平壌《へいじょう》から陸軍の重爆撃機に乗って帰国した、と本に書いておいたら、山田夫人ばかりではない、飛行機の収容能力が大きいので、他の関東軍要人の夫人や財宝を多く搭載していたのだ、と言うのですね。さもありなん、と思えることなのですが、そうと知った地上員は怒って撃墜すべく発砲した。そう手紙には書いてある。まったく、事実を知れば知るほど、その汚さには唾《つば》をかけたくなる思いばかりです。

澤地　関東軍は最後に作戦計画が変わって、満洲の四分の三を放棄して、通化《つうか》を中心にする三角地帯だけで戦うと言い出す。吉林は、その最前線にあたるのですが、そんなことは私、夢にも知らなかった。

半藤　とは言っても、この三角地帯はまだ陣地構築中で、ほとんど出来ていないんです。通信設備すらない。しかし基本的には、最後は天皇陛下をお連れして徹底抗戦するという昭和二十年の初め頃の古い計画が生きていたのですね。そういう意味では、関東軍司令部がさっさとここに移動するのですが、何を考えているのかと思います。

澤地　でも軍中央も変ではないですか。関東軍特別演習の時には独ソ戦を好機としてソ連に攻めていこうとしていたから、ソ連が機に乗じて攻めてくるのはいわばお互い様でしょう。「国際関係」とは不動のものではない。そもそも帝国陸軍は創設の時からロシアを仮想敵とし続けた。それがなぜ戦争末期になってソ連に和平の仲介に立ってもらおうなどと発想したのか。滑稽《こっけい》以外のなにものでもない。

半藤　日本の軍隊は、陸軍も海軍も含めて米英に対してものすごい憎しみを持ったのですね。戦友が山ほど殺されていますから。その憎しみが強ければ強いほど、ソ連という国に対する意識が希薄になったのです。

ただ、昭和二十年の春、和平の問題が密《ひそ》かに進行している時に、いろんな人が和平案を出した。東京大学の南原繁《なんばらしげる》法学部長を中心として、高木八尺《たかぎやさか》、岡義武《おかよしたけ》という法学部教授らが日本の和平案を考え、木戸幸一に伝えている。それは「ソビエトを仲介とする和平はとんでもないから絶対にやってはいけない。アメリカに直接和平を申しこめ。そして終戦への動きはまず海軍が始め、裁断は天皇が行う。詔勅《しょうちょく》を発布《はっぷ》し、内外に明示する。そして戦後における国民道徳を確保するため、終戦後の適当な時に、天皇は道義的責任をとって退位する」というような内容です。

じつは終戦はそのように運んだのですが、国際感覚のある、良識ある人たちには、そういう考えがありました。ところが陸・海軍は、背に腹は替えられない。アメリカ軍が猛烈な勢いで攻めてくるのを抑えこむためにどうするかということだけでもう精一杯でした。

澤地　ストックホルム駐在武官だった小野寺信《おのでらまこと》は、スウェーデン国王による和平工作のために動いて、東京に意見具申や状況報告を送ったけれど、まったく相手にされず、なぜだろうと疑問に思ったそうです。

百合子夫人は近年亡くなったのですが、二・二六事件（昭和十一年）の首席検察官の匂坂春平《さきさかしゅんぺい》の資料が公開された時に、意見具申が無視された疑問を解くカギがこの資料の中にあると思うからと言って、私のところに来られた。そうしたら皇道《こうどう》派の真崎甚《まさきじん》三郎《ざぶろう》教育総監罷免《ひめん》に関連して、小野寺信の名前が出てきたのです。百合子さんは「小野寺はやっぱり皇道派の人間だった。日本がギリギリまで追い詰められた時に、出先の命懸けの和平工作を一切黙殺されたのは、二・二六事件がここまであとを引いていたからですよ」と言われた。つまり、二・二六事件で陸軍の主流となった統制《とうせい》派が、皇道派の小野寺の意見を無視したというわけです。これは極めて日本的と言うべきでしょうが、このように日本の戦時中の歴史の中で、二・二六事件は国家の大計《たいけい》まで狂わせるほどの影響力があった。

半藤　百合子さんから私に「皇道派と統制派という言葉があるが、これは権力闘争なんですか」という手紙が来て、「戦略的に大きな違いがある。統制派には『中国一撃論』という思想があり、中国を叩いてからソ連に向かう。皇道派は直接ソ連に向かおうとした。小野寺信は、対ソ戦略を非常に重要に考えた方の中の一人だったが、派閥争いというよりも、基本の戦略が違うために陸軍中央から外されて外地に飛ばされたと思う」と答えたら、「納得しました」という返事をいただきました。

大雑把《おおざっぱ》な言い方ですが、日本の近代史の基本的な考えを作ったのは、皇道派です。

つまり対ソ戦を真剣に考えた人たちが、まず満洲国をつくった。皇道派の精神としては満洲国は「五族協和」なんです。これは夢物語で、昭和七年に満洲国が出来てから十一年の二・二六事件までの束《つか》の間《ま》の運命に終わってしまう。これもまた大雑把な話になりますが、統制派の満洲に対する意識は傀儡国家なんです。十一年以降はまさに傀儡国家、簡単に言うと植民地だと思います。満洲百万戸《ひゃくまんこ》移民計画などという突拍子もない計画も十一年からなのですね。だからおっしゃるとおり、終戦に至るまで、二・二六事件の影響は甚大です。

澤地　満洲国関係で新しく貴重な資料というと、外交官で昭和八年から十三年まで皇帝溥儀《ふぎ》の通訳を務めた林出賢次郎《はやしでけんじろう》が残した『厳秘会見録《げんぴかいけんろく》』。溥儀には自伝がありますが、いかにひどい目に遭ったかという被害者の視点しかない。しかし、『厳秘会見録』を見ると、関東軍司令官に積極的にコトを持ちかけるのは皇帝のほうで、これには驚きました。たとえば、日本の皇室では正月に歌会始《うたかいはじめ》がありますが、「これはじつにいい習慣で、我が国でもやってはどうか」などと言う。

これを読むと、密室の会話がよく分かっておもしろい。皇帝のほうがかなり政治的にコミットした発言をしていて、「廃帝《はいてい》溥儀」「傀儡溥儀」などと簡単に言うけれど、かなり主体的にものを言っているという感じがする。「保身」から生まれた姿勢ですね。満洲を一回冷静で実証的な視点で捉え直さないと、いつまで経っても不毛な歴史論争が続きますよ。

満洲国でとどまれば太平洋戦争はなかったかもしれない

澤地　いま私が気になるのは、満洲国をつくった時に、最初の国家予算は誰がおカネを出したのだろうという点です。国であるからには、国家予算がなければ困るでしょう。

半藤　カネを出したのは陸軍だと思われますが、最初に満洲国の国家予算はどうやって組んだのかはよくは分かりませんね。

澤地　満洲中央銀行が出来て、紙幣を発行する。国務院も途中から予算を議決してるのです。けれども最初の時にはどうしたのかなというのが私の疑問です。中国全体で言えば、中国が一九二七（昭和二）年に一応北伐《ほくばつ》が終わって、蔣介石を中心にして纏《まと》まっていく。その後の緊急の課題は幣制《へいせい》改革、すなわち貨幣を統一しなければならないことです。日本にしてもその必要は理解すべきだったと思う。イギリス人のリース・ロスが、日本と共同で幣制改革をすすめようと誘うのですが、日本は拒絶し、結局イギリスによって中国の貨幣の改革は成就する。

イギリスは阿片《あへん》戦争のようにひどいこともやっているけれど、一方で中国に貢献もしている。しかし、日本は一から十まで敵役《かたき》になるような政策を選択する。満蒙は生命線であり、中国を自分の掌握下に置きたいと言いながら、トラブルばかり大きくなっていく。極端に言えば、アメリカとの戦争にしても満洲、中国問題がなかったら起きなかった。

半藤　そりゃもうそのとおりですよ。満洲事変以来、軍がぐんぐん台頭してきて、じつに好戦的な野蛮な国家になった、というのが基本的なアメリカの対日観ですからね。しかもこと国防に関することになるとアメリカは、日本の国策と正面衝突する門戸開放とか領土保全とかの基本原則をもって迫ってくる。一歩も譲ろうとはしないのですからね。日本のささやかな野心も決して認めようとはしない。戦争への一本道と言ってもいいわけです。

澤地　野心は次なる野心を生む。満洲国建国の翌年（昭和八年）に、国民政府が日本の満洲支配を事実上認めた塘沽《タンクー》停戦協定が結ばれます。この時に、山海関《さんかいかん》の南に中立地帯が作られる。そこに日本は、殷汝耕《いんじょこう》を首班とする冀東《きとう》防共自治政府という傀儡政権をつくる。殷汝耕夫人は四国出身の日本人で、ここは大陸の阿片の密貿易の拠点になった。

日本はさらに華北も手中におさめようとする。すなわち梅津《うめづ》・何応欽《かおうきん》協定、土肥原《どいはら》・秦徳純《しんとくじゅん》協定で、中国側の反日感情に火をつける。満洲建国から日中戦争が始まるまでの間に日本はそういう既成事実による中国の主権侵犯を積み重ねていく。しかし、満洲に留まっていれば、国際連盟加盟国は、経済不況で背中に火がついていたから、満洲国は国際的には妥協されて認められていたかもしれない。

半藤　もうすでに国際連盟は半分以上妥協していましたね。

澤地　しかし日本は昭和八年に国際連盟を脱退して、自ら孤立への道を歩いていく。ドイツも同様で、孤児同士は一九三六（昭和十一）年に日独防共協定を結んで、運命的な選択をする。

同じ十一年に、綏遠《すいえん》事件という悪名高い事件が起きますね。内蒙古《うちもうこ》の政治代表である徳王《とくおう》が、田中隆吉のバックアップを受けて「内蒙古の失地回復」と称して綏遠を攻め、綏遠事件が起きるけれども、傅作義《ふさくぎ》の率いる精鋭軍隊によって、徳王側は惨敗を喫する。これが、中国の抗日感情、士気の高揚につながるのです。日本はそんなに恐れなくてもいいという事実が張学良《ちょうがくりょう》の心を揺さぶったと思う。

張学良は蔣介石の指示どおりに、共産党軍を討伐する軍の最高指揮官として前線にいた。満洲事変の時は抵抗していない。長征後の中共軍を包囲して、同胞相食《どうほうあいは》む戦闘を前に苦悩していた。そこへ綏遠での勝利です。綏遠事件がその後西安《せいあん》事件の引き金となり、さらに国共合作につながったと思う。

半藤　いまの一連の話で、軍がとにかくいちばんよくないと思えるのは、満洲事変のあとの処理だったと思うのです。満洲事変はあきらかに陰謀であるということが分かっていたわけですからね。

澤地　天皇の命令もなくやったわけですから指揮官たちは擅権《せんけん》の罪で死刑に値します。

半藤　ところが現実には、関係した本庄繁《ほんじょうしげる》、石原莞爾《いしはらかんじ》、板垣征四郎、林銑十郎《はやしせんじゅうろう》らは全員出世して、なかには男爵にまでなる軍人がいた。「勝てば官軍」です。そうやって「悪いことをしてもバレずにうまくやればいい」という教訓を残したことが陸軍を徹底的にダメにしたと思います。要するに軍人は皆勲章が欲しいのです。だから、綏遠事件も起こる。満洲の次は内蒙古、内蒙古の次は中国北部というわけです。盧溝橋事件も似ているところがある。勲章めあてに拡大していった。

しかし、いちばん大きいのが満洲事変なのです。だから石原莞爾がやったことは、褒《ほ》めていいのか、貶《けな》していいのか分からないけれども、すごいことを考えた。ソ連の脅威に対抗したうえで、最後は日米戦をやるために、満洲という地域を日本の支配下に置くという大構想を現実に成功させたわけだから。

澤地　当時、板垣征四郎は上官なのに、「なるほど」と思ったのですね。

半藤　石原莞爾が評して曰く「板垣さんは足の裏に針を刺すと、三日ぐらい経つと痛いと思う人だ」という（笑）。板垣は大雑把な人だったのでしょうね。だから石原莞爾にとってはよき上官だった。それで満洲が日本の一部になってしまったのですね。でも満洲進出はすべて軍が推進したと、責任をそれだけに帰するというわけにはいかない。マスコミは太鼓を叩いたし、日本人の多数がそれはいいと思ったのですから。それこそ澤地さんのご両親を含めて、当時の日本人は、満洲はこれから日本と仲良くなっていく国だという思いで渡っていったのではないですか。

澤地　私と母は、父より一年遅れて昭和十年の五月に満洲に行ったのですが、母は僻《へき》地《ち》に行くという気持ちが強かった。私は小学校へ上がる前だと思いますが、父から匪《ひ》賊《ぞく》——実際は思想的なゲリラかもしれませんが——が襲撃する写真を見せられました。鉄道の犬釘《いぬくぎ》を抜いて列車を脱線させたうえで襲撃し、日本人を拉致《らち》して、身代金《みのしろきん》を奪ったり、殺したりするが、自分たちも死傷者を出す。その死体を野犬が食べているという、ひと目見ただけで忘れられない写真です。私は、匪襲と聞くと、その写真がすぐ頭に浮かぶんです。

半藤　ゲリラというと、私も不思議な体験をしています。昭和三十年代前半、青森市に、白馬隊の隊長が生きて帰ってきたというニュースが、地元紙の新聞記事に小さく出たので会いに行ったのです。そうしたら、彼が帰ってきて家族がいちばん驚いてるんですよ。なにしろ、昭和六年か七年にもう彼の葬式を出していましたから。

とにかく二十数年ぶりに生きて帰ってきたので取材をしたら、戦時中、まさに抗日ゲリラとして戦っていたと言うのです。要するに日本人でありながら徹底的に日本軍を攻撃する。そうすると、攻撃された日本軍がこれを追討することを口実にして、満洲で戦線を広げていくのです。つまり戦線拡大の大義名分をつくるための贋《にせ》抗日ゲリラ部隊なんですよ。もちろん日本人の名前など使いません。ところが中国側にもある時点で、バレたと言うのです。

それからは日本軍ばかりか、本当の抗日ゲリラにも追われる。敵味方から追われる大変な部隊なのですね。彼らは結局全員中国に身分を隠して引き揚げる。中国でも同じようなことをしていたのでしょうね。それで長い歳月を経て中国から帰ってきたので、私は隊長であったという本人に会って話を聞いたのですが、顔や背中に鉄砲や刀の傷があり、ほんとによくぞ生きて帰ったと思われました。

その男の話で、一つだけ疑問に思ったのは、「自分は中野学校でゲリラ教育を受けた」と口にしたのです。だから、中野学校の第一期生かなと思って調べたら、時制が合わない。中野学校が出来たのは、もっとあとのことです。だから信憑性にやや疑問があって、その時は活字にはしなかったのですが、とにかく私の聞いた範囲では、まさに日本軍が満洲国をつくるための陰の部隊だったという。日本軍には佐々木到一《とういち》みたいに特殊任務に携わる人たちがいて、贋ゲリラを差配したのでしょう。彼は密かに日本軍と落ち合って弾薬《だんやく》や食料を受け、「○○を攻撃せよ」という指示をもらって、次から次へと日本軍を襲う。だからじつに成功したと言って威張っていました。

そこまでして、日本人が満洲国をつくったのですね。いくらソ連に対する戦略的な重要性があるとしても、ここまで徹底して悪いことをしたのかと、情けない想いを取材しながらたっぷり味わいました。

澤地　繰り返しになりますが、日本人は植民地経営には向いてない。べつに植民地経営に向いているほうがいいと言っているのではなくて、向いてないほうがいいわけですが。

半藤　植民地経営にかぎらず、指導者論で言うと、ノモンハン事件もそうでしたが、終戦の時の日本人の国際感覚の甘さと情報軽視と、唯我独尊《ゆいがどくそん》は、そのまま現代日本にも通じているのではないですか。

澤地　開戦時も同じです。一九四一（昭和十六）年十二月八日に対ソ戦の東部戦線は停止する。なのに日本人は、ドイツはたちまちソ連を呑みこんでしまうだろうと思っていた。対英米開戦に踏み切った十二月八日という日付で、ドイツの挫折は始まっています。こういう歴史の事実からなにも学ばないで、いつも行け行けとなってしまう。

半藤 これは仮説なんですが、満洲国建国以上のことを日本がしないでいれば、つまり満洲国建国でとどまってそれ以上の侵略をしなければ、ことによると太平洋戦争には至らず、大日本帝国は亡国《ぼうこく》の道を歩まないですんだと思うのですがね。それで「満洲国」がどういう国家になったか——歴史にイフはないのですが、そうすれば、少なくとも無辜《むこ》の民におおいなる犠牲を強いたうえに、日本人全体がどこか顔向けできないような、抗議しかねるような、苦労をすることはなかったと思いますね。

澤地 私みたいな反国家主義者を生んだりすることもね（笑）。いまできることと言えば、大局的な判断ができるように、歴史の筋道を理解できるようにすることですね。

しかし、日本の歴史について、なぜこうなるの？　といくら問いかけても誰も返事をしてくれない。ちょうど未完成のジグソーパズルの欠けた部分のような、不可欠でありながら曖昧にされたままの事実、利害のためにわざと隠されている事実がある。それはやっぱり骨が折れるけど発掘していかなければダメだと思う。

そのうえで、ジグソーパズルの全体は埋め切れなくても、八分どおり埋まった時に歴史をどう判断するかは、それぞれの人の選択ではないか、と私は考えることにしています。

指揮官たちは
戦後をどう生きたか

保阪正康

&

半藤一利

保阪正康（ほさか・まさやす）
昭和十四年、北海道生まれ。ノンフィクション作家・評論家。著書に『東條英機と天皇の時代』、『瀬島龍三―参謀の昭和史』、『後藤田正晴―異色官僚政治家の軌跡』、『蔣介石』、『昭和陸軍の研究』、『吉田茂という逆説』、『あの戦争は何だったのか―大人のための歴史教科書』、『昭和天皇』、『昭和史の大河を往く』シリーズ、『帝国軍人の弁明』ほかがある。菊池寛賞受賞。

沈黙を守る人びと

半藤　話を始める前に触れておきたいのですが、遠藤幸男《ゆきお》という海軍大尉がいましてね。昭和十九年十一月末以来、夜間戦闘機「月光」を駆って、本土爆撃に来るB29を次々と落とした撃墜王でした。戦前は神様のようにあがめられまして、二十年の一月に戦死しました。私は昭和三十年代に、学校の図書館で働いていた奥様の話を聞きに行ったんです。戦争中はあんなに感謝し敬《うやま》ってもらっていたのに、戦後になると手のひらを返したように冷たい扱いを受けたそうです。さながら国賊のように指弾され、ずいぶん辛い思いをしましたと言われたのを、鮮明に覚えています。

保阪　特攻隊の遺族も、同じような仕打ちを受けてますね。戦前は「軍神」と讃《たた》えられながら、戦後は「人殺し」と言われて家に石を投げられたケースもあります。

半藤　終戦直後の日本人の軍人に対する憎悪はすごかったですね。軍人というだけで全否定という雰囲気でした。

戦争はたしかに不条理ではあったが、下の将兵にはやむをえないところもあった。そういう中で、戦後、きちっとした人生を歩んだ人もいるわけです。私たちはそこを丁寧に見てあげないといけないと思います。たしかに上のほうに悪いやつもいましたけど、われわれのために一所懸命戦ってくれた人もたくさんいるわけですからね。

保阪　同感ですね。加藤隼《はやぶさ》戦闘隊として有名になった加藤建夫《かとうたてお》は第七師団のあった旭川《あさひかわ》市出身なのですが、戦死した時は映画まで出来たりもてはやされた反動もあったのでしょう、遺族は戦後、旭川を離れざるをえなかったと聞いています。私は加藤建夫という軍人を調べていて、彼は日本人の特性を知っていたとの感も持ちました。

半藤　軍人さんたちが戦後をまともに生きていくのは大変なことだったんだということを、まず最初に言っておきたいですね。

保阪　そうです、ものすごい逆風の中で生きていくわけですから。

半藤　私が主として昭和三十五、六年頃に取材で会った軍人たちの中で、非常に印象的だったのが、宮崎繁三郎《しげさぶろう》さんです。

宮崎繁三郎中将と言えば、ノモンハンの時から連戦連勝、悪名高いインパール作戦でも唯一快進撃を続けてコヒマを占領した猛将ですが、お会いしてみると風采《ふうさい》の上がらない、ニコニコした小柄なハゲ頭のおじさんでしてね。ぜんぜん、歴戦の軍人らしくないんですよ。華々しい戦闘の話を聞きたいのに、そういう話はしたがらない。復員の時、可愛がっていたサルをラングーンに置いていかなきゃならなくて、哀しい別れをしたという話しかしてくれませんでした。「チビ」というそのサルの話になると、涙を浮かべるんです。下北沢駅前マーケットで「岐阜屋」という瀬戸物屋をやっていましたが、近所の人も彼のことを知らなかったみたいですね。三年間赤字続きで、ようやくなんとか黒字になりましたと、笑いながら語ってくれました。取材中にも客が来ると、一所懸命に茶碗などを売っていました。

保阪　あれだけの戦功を上げた人なのに、戦後はそれを誇ったり政界や経済界に打って出たりせず、淡々と市井《しせい》の人として生きましたね。

半藤　部下にも慕われていました。「宮崎閣下の下で戦えて本当によかった」と、皆さん口を揃えて言ってましたね。とにかくものすごい雨と泥濘《でいねい》の中、退却戦の殿軍《しんがり》を受け持って、英印軍の猛進撃に応戦しながら退いていく。「負傷兵を置き去りにするな」と、自ら担架を担いだ。自分の部隊ばかりでなく、よその部隊の負傷兵が倒れているのを見つけると助けて連れて帰った温情の将軍ですから。

保阪　戦後の生き方も何か清々《すがすが》しいですよね。

清々しいと言えば、私は石井秋穂《あきほ》にもそれを感じます。石井は陸大出のエリート軍人で、参謀を歴任したあと、軍務局の高級課員として、昭和十六年春から大本営政府連絡会議や御前《ごぜん》会議のための帝国国策要綱の草案を起草した軍官僚でもあります。戦後もその気があれば相応の地位につけたでしょうに、自ら蟄居《ちっきょ》して故郷の山口県の宇《う》部《べ》で晴耕雨読の生活を送りました。（終戦時は）まだ四十代半ばだというのに、講和条約を結んだあとも軍人恩給だけで生活して、一切社会との関係を絶つが如くの生活でした。
　私は何度かお会いしましたけど、戦争について語る時は、必ず正座しましたね。そんなに立派な家ではなくて、夏、クーラーもない部屋で、「私は陸軍の政策立案に関わった人間ですから、尋ねられればお答えする義務があります。しかし、私の携わったこと、体験したことは語りますが、それ以外は語れません。推測や噂は尋ねないでください」と言いました。そして、戦後アメリカから取り寄せた資料に目を通して分かったことは、証言をきちっと分けて話してくれました。その姿勢は理知的、理性的で、私は密《ひそ》かに畏敬の念を抱きました。

半藤　蟄居《ちっきょ》という生き方をされた方は、けっこういましたね。要するに一切表舞台に出ず、沈黙を保つ。痛烈な責任のとり方ですね。

「最後の海軍大将」井上成美《いのうえしげよし》にも会いに行きましたが、ぜんぜん喋ってくれませんでした。米内光政《よないみつまさ》は昭和二十三年に亡くなり、山本五十六《やまもといそろく》は戦死してますから、海軍の国際協調派三羽がらす唯一の生き残りとして話を聞きたかったのですが。

保阪　井上さんは、戦後、月謝を取らずに近所の子供たちに英語を教えていましたね。

自分でギターを弾いて、車座になって英語の歌を歌ったりしていた。

半藤　毎年、八月十五日には朝お茶を一杯飲むだけで、終日絶食して海のほうを向いて端座《たんざ》していたそうです。

保阪　収入がなくて赤貧洗《せきひん》うが如き生活のはずなのに、一流会社の顧問になってほしいという話を持ちかけられても、頑として受けなかった。でも、晩年、胃潰瘍で吐血して手術を受けなければならなくなった時、海軍兵学校校長時代の教え子たちが、これで恩返しができると競うように献血し、援助したそうです。私は海軍兵学校の教え子の方たちから話を聞きましたが、井上さんは戦争そのものに対して海軍指導部にも批判を持っていたけど、一切口にしなかったそうです。

半藤　レイテ沖海戦の「謎の反転」で有名な栗田《くりた》健男《たけお》中将も沈黙を守り続けました。私は『連合艦隊の最後』『大海軍を想う』を書いた伊藤正徳さんの家で栗田さんに会いましてね。

保阪　栗田健男さんに？　彼は戦後、どのような生活をしていたのですか。

半藤　もう水戸の実家に完全に引退していたんじゃないですか。伊藤さんに、自宅で天麩羅《てんぷら》をやるから来ないかって言われていくと、伊藤さんと、小泉信三さんと栗田健男ともう一人誰かいたかかな。それで小泉さんが、「栗田さん、黙して語らずという態度は立派だけれど、後世のためには話しておいたほうがいいんじゃないか」と言うと、中学同級生の伊藤さんが「彼は、まさにサイレント・ネイビーなんだよ」とかばいながら、その後もレイテ沖海戦の話をずっと聞いてましたね。

栗田さんがポツリと言った最後の言葉は、「疲れていましたから」だった。要するに最初に乗っていた旗艦「愛宕《あたご》」が魚雷を受けて沈没したため、重油が漂う海を泳ぎ、かろうじて駆逐艦《くちくかん》に救われて、さらに「大和《やまと》」に移ってまた突入していくわけです。二昼夜ほとんど寝る暇もなかったみたいですね。海で重油を飲んでしまって、ぜーぜー言っていたそうです。

保阪　そういう場に同席されたのはとても貴重です。羨ましいですね。「謎の反転」という言葉は、戦争に詳しくない人でも知っているほど有名になりました。栗田さんについては海軍出身者でも批判する人が多いし、本人も表に出たくなかったのかもしれません。戦後も冷遇された感じを受けますね。

半藤　そうですね。キリッと締まった顔をしていましたが、どこか淋しそうでした。小沢治三郎《じさぶろう》さんも老夫婦でひっそりと暮して、戦争の話は一切しませんでした。他の話はいくらでもしてくれたんですがね。とにかく、優秀な人を数多く死なせてしまった、このままそっと消えてゆきたい、とそれだけ。かつての部下によると、元気が残っていた戦後すぐの頃は、遺族を回って歩いていたということでした。小沢さんは帝国海軍最後の連合艦隊司令長官ですが、普通長官は大将に昇進するのに中将のままだった。多くの将兵を死なせた自分がどうして大将になれるというのか、と本人が辞退したのです。

小沢さんは自宅の大部分を人に貸して、自分は奥の小さな二間に住んでいましてね。どういうわけか分からないんだが、こうなってしまってね、と言っていました。まさか「庇《ひさし》を貸して母屋《おもや》を取られた」わけじゃないのでしょうけどねえ。淡々たるものでしたね。

特攻に反対した隊長　美濃部正

保阪　戦後、遺族を回って歩いた元指揮官は多かったようですね。中国でユダヤ人難民を救援した北方軍司令官の樋口季一郎《きいちろう》中将は、アッツ島玉砕《ぎょくさい》を受け入れる代わりにキスカ島撤退を海軍に協力要請しています。戦後、アッツ島の慰霊祭で遺族に頭を下げたという話も聞いています。さらにポツダム宣言受諾後の八月十八日に占守島《シュムシュ》に攻めてきたソ連軍に守備隊が応戦していますが、これらの戦闘で死亡した将兵の遺族の家を訪ねて慰霊した軍人もいると言われています。

八月十五日を過ぎてからの戦死ですからね。占守島の戦いは司馬遼太郎さんもエッセイに書いていますが、守備隊がこの時ソ連軍にその抵抗の激しさを示さなければ、北海道はソ連領になっていたかもしれません。

半藤　お坊さんになった人もいますよ。海軍二〇一空副長、玉井浅一《あさいち》中佐といいまして、昭和十九年十月、最初の神風《しんぷう》特別攻撃隊を自分の部下から編制して送り出さなければならなかった人です。当時、二〇一空司令がマニラに行っていて留守のところに、大西瀧治郎《たきじろう》中将がフィリピンにやってきて、副長の玉井さんに特攻の話を持ちかけるんですね。司令の承認はもらってあるからと。それならば副長としては言うことはないと玉井中佐は、関行男《ゆきお》大尉に指揮官としてやってくれるかと頼み、教官時代に教えた予科練出身の部下で隊を編制した。ま、ある意味では大西さんにだまされたとも言えるんです。

その後悔の念からでしょう、戦後、僧侶になったのですね。愛媛県松山市の郊外にある瑞応寺というお寺の住職で、本堂には関行男はじめ特攻隊で死んだ海軍の戦士たちの位牌がずらりと並んでいました。話を聞こうとしても、特攻隊の話になると玉井さんは涙があふれて喋れない。それぞれの命日になると、特攻で亡くなった人の位牌を正面に据えて鎮魂の読経をあげるそうです。三百六十五日毎日ですかと訊いたら、七月と八月と九月は特攻で死んだ人は少ないらしい。でも、それ以外は毎日、誰かの命日が来るのですって。三千人近くの人が特攻隊で亡くなっていますからね。ただ、戦後のある時期には、人殺しの指揮官が突然仏様に仕えたって死んだ人は浮かばれやしねえよって、さんざん言われたそうです。しかし、そんな声には聞く耳持たずで、ひたすら特攻隊員たちの菩提《ぼだい》を弔《とむら》った。そのために俗世間を捨てたのですからね。

保阪　芙蓉《ふよう》部隊の隊長だった美濃部正《みのべただし》さんは、昭和二十年二月の作戦会議で公然と特攻作戦に反対した人です。軍令部の参謀もいる席でしたから、抗命罪で死刑になるかもしれないと思いながら、「私は『死』しかない作戦に命令を下すことはできない」と言い切った。それで美濃部部隊は沖縄の特攻作戦から外されるんです。

作戦に参加しても通常の攻撃を繰り返した。他部隊から「勇気がない」と非難されたそうですが、これも勇気のいることですよね。でも海軍には美濃部さんの考え方に同調する人もいたようで、この会議のあと、彼は一三一航空隊（芙蓉部隊）の隊長になって、そこに温存すべき戦闘機とパイロットが集められた節があります。

半藤　美濃部さんは戦後、何をしておられました？

保阪　航空自衛隊の幹部候補生のための学校の校長をしていました。私が会った時は七十四歳で引退しており、農業をやりながら晴耕雨読の生活だったようです。病気のため胃などの内臓をかなり摘出したそうで、やせ細っていました。車を運転して駅まで迎えに来てくれたのですが、じつに慎重な運転ぶりで、「あれだけの戦場をパイロットとして生き残ったんですから、交通事故で死ぬわけにはいきません」とも言っていました。

自分の終生のテーマは、なぜあんな愚かな作戦をやってしまったか、ということだ、そのことをずっと問い続けている。いまの日本も経済だけでものを考えるという点で同じ過ちを犯しているのじゃないか。戦争とはいえ一〇〇パーセント死を意味する命令を出す権利は指揮官といえども持っていない、私は今もあの時の自分は間違ってなかったと自信を持っている。そう語っていました。

美濃部さんの記事を雑誌で発表したら、かつての部下でしょうか、大企業の役員という人から電話がかかってきましてね。

「ありがとう、よく書いてくれた。美濃部さんは私たちにとって神様のような存在なんです」

と言って、話しているうちに、その人は絶句して嗚咽《おえつ》を洩らしました。私も泣かされましたね。

半藤　そういう方もいるんですよね。そうそう、戦後、医者になった司令官もいます。吉見《よしみ》信一《のぶかず》さんというその人は、マーシャル群島のウォッゼ島に警備隊司令として赴任します。ここには日露戦争の時の戦艦「三笠《みかさ》」の大砲を持っていって砲台に据えつけているんです。しかし、完全に孤立して補給も絶たれ、戦うこともなく、食糧不足でどんどん部下が餓死していく。終戦の時には、三千数百名いた守備隊が千数百名になっていて、死者のほとんどが餓死でした。

復員した吉見さんは、二千名もの部下を病気と飢えで死なせた責任を痛感したんでしょう。五十一歳になっていたんですが、大学に入り直して医者になり、病人を救おうと決心するんですね。ちょうど息子さんが東大を受ける年で、お父さん、お願いだから東大だけは受けないでくれと頼まれたそうですが、結局、慶應の医学部に入学するのです。優秀だったんでしょうね。襟章を外した軍服で通学したそうですが、教授のほうが吉見さんより若いわけです。

「失礼ですが、あなたはなんですか」と教授に聞かれて、「吉見と申します。学生です」と答えたら、「ええっ」てびっくりしてましたと、笑いながら言ってました。

卒業したあと、吉見さんは自ら志願して、あまり人がなりたがらなかった貨物船の船医になるのですよ。そして太平洋航路でウォッゼ島の近くを通るたびに、毎回、花束を捧げて、亡くなった部下たちの冥福を祈ったそうです。この生き方も立派ですよね。私がお会いした時は、町の医者になってましたけど、優しい笑顔の、チョビ髭の、いかにも小児科のお医者さんという感じでした。

吉見さんは九十一歳まで現役の医者として働き、九十四歳直前に老衰で静かに息を引き取ったそうです。

「われらの父」今村均

保阪　軍医としてインドネシアに行った福岡良男さんという人は、戦時中に、現地の人を診察して助けているんです。インドネシア語を覚えて、村の中まで入っていって、それまで医療を受けたこともないような人たちを無料で治療し続けていました。

戦後、日本に帰ってきて東北大学医学部の教授になるんですが、定年退官後、インドネシア語の辞典がないからと、日本語とインドネシア語の医学辞典を何年もかけて独力で編むんです。その辞書を開いて指差せば、どこが悪いか、どういう症状かが分かるようになった。福岡さんはそれでインドネシア政府の賞を受賞しています。日本に来ているインドネシアの人たち、インドネシアに行っている日本人は、この辞典によってどれだけ助かっているか。大変な功績です。

半藤　今村均《ひとし》大将の軍政下だったからできたのかもしれませんね。

保阪　青木次郎さんという、彼は一兵士ですが、たまたまインドネシアの占領地行政に関わっていて、戦闘はないし、現地の言葉を覚えて、地元民とも仲良くなって帰ってきた。戦後、印刷業を営むのですが、ある年代でその仕事を息子に譲り、恩返しのようなつもりで、身銭を切ったり仲間に募金を募ったりして、インドネシアに学校を四つか五つ作ったそうです。インドネシアにはたくさんの日本兵が残って独立戦争を一緒に戦ったりしましたし、そういう人たちのおかげで今も親日的ですね。

半藤　やっぱり今村さんの善政があったからでしょうね。戦後の今村さんのオランダ政府の戦犯裁判では、出頭したすべての参考人が、「(今村大将は)戦闘においても、占領中もなんの不法行為なし」と証言したのです。死刑を主張する検事に対して、裁判官までもが被告の今村大将の味方をした。オランダとしても、立派な軍人であることが明白な今村さんを、死刑にしたらフェアじゃないと考えていたのでしょう。

保阪　スカルノやハッタが今村大将の助命嘆願運動をしましたが、もし死刑判決となったら救出作戦まで考えていたようですね。結局、オランダの裁判では無罪、オーストラリアの裁判で禁固十年となって、巣鴨プリズンに入るわけです。でも、今村さんの部下たちはB・C級戦犯で、ニューギニアのマヌス島で服役しています。それで最高責任者だった自分だけ日本で服役することはできない、部下たちと一緒にマヌス島で服役したいと、請願する。こういう生き方はなかなかできるものではない。

半藤　今村さんはすでに六十三歳ぐらいだったでしょう。マヌス島の旧部下たちは、「われらの父、帰る」と、泣いて歓迎した。

保阪　刑期が終わって日本に帰ってから、今村さんは回想録を執筆するんですが、その印税を部下の遺族に送ったり、墓参りをして全国を回ったそうです。

半藤　こういう素晴らしい人がいますから、われわれも救われた気になりますね。最後の陸軍大臣下村定《しもむらさだむ》大将にも一言触れておきたいですね。軍隊が解体するに際しての、斎藤隆夫の質問に対する議会での答弁は本当に立派でした。軍国主義を発生させた責任は陸軍にある、と素直に認めたうえで、こう述べました。

「私は陸軍の最後にあたりまして、議会を通じてこの点につき、全国民諸君に衷心《ちゆうしん》からお詫びを申し上げます。（中略）この陸軍の過去における罪悪のために、（中略）純忠なる軍人の功績を抹消し去らないこと、ことに幾多戦没の英霊に対して、深きご同情を賜らんことをこの際切にお願いいたします」

保阪　声涙《せいるい》下る演説に、大きな拍手が起こったそうです。私はこの演説の草稿を下村さんの遺族から見せてもらいましたが、やはり人格が出るものだと思いましたよ。下村さんは昭和三十四年から参議院議員を一期務めますが、昭和四十三年に交通事故で亡くなっています。高級軍人としての理性的な生き方を貫いた戦後でした。

樹を植え続けた吉松喜三

半藤　私が戦後お会いした指揮官の中で、非常に印象深かったのは、吉松喜三《よしぞう》大佐という人です。この人は機動歩兵第三連隊、つまり戦車連隊の連隊長なのですが、北部中国で連戦連勝、大変強かった部隊なのです。

洛陽《らくよう》攻略戦の時など、中国軍と対戦していて、近くに龍門の石窟《せっくつ》があるのに気づくのですね。すると流れ弾で文化遺産を壊してはいけないと、吉松さんは白旗を掲げ、場所を変えて戦闘しようと提案し、中国軍もオーケーして、戦場を移動してまた撃ち合ったという、そういう逸話もある人なのです。結局洛陽は攻略するんですけどね。

ある時吉松さんは被弾して脇腹と尻を負傷し、野戦病院に入ります。病室で寝ていたら美しい歌声が聞こえる。這《は》っていって窓の外を見ると、中国人の修道女たちが木立の中で賛美歌を歌っていたそうです。毎日のようにそれを見ているうちに、ハッと気がついた。緑こそ兵士の心を慰め、散華《さんげ》した兵たちを弔《とむら》うのに一番のもの。破壊ばかりが戦争ではない。樹の育つところには平和がある。そう思った吉松さんは、隊に復帰すると、北の大地に適した植物の苗木を大量に送れと大本営に注文するのです。

大本営はびっくりしたらしいですけど、ともかくポプラか何かの苗木をいっぱい戦地に送ってきた。吉松さんの連隊は、戦車にその苗木を載せて、戦闘が終わると黄色の大地に植樹を始めたんです。最初のうち兵隊たちはわけが分からなくてブツブツ文句を言ったそうですが、そのうち楽しみになったのでしょうね。北部中国の過酷な砂漠地帯にうまく根付いて若葉が出ているのを発見して、兵士たちが万歳を叫ぶようになったそうです。

そんな吉松さんたちの植樹を中国軍も見ていたんですね。終戦になって収容所にいたら、中国側から植樹隊を編制してまた樹を植えてほしいと言われるんです。そうやって戦中戦後に中国で植えた苗木は四百万本に上る。中国で吉松さんは「緑の連隊長」、第三連隊は「植樹部隊」と呼ばれたそうですよ。

保阪　それはいい話ですね。戦後はどうされたんですか?

半藤　そうそう、吉松さんにはその後の話がありましてね。昭和二十二年に日本に帰ってきて、亡くなった兵士の遺族を捜すのですが、昭和三十年に慰霊祭を行って靖国《やすくに》神社に桜の木を植樹します。その時、亡くなった戦友を慰めるためにも、靖国神社の境内にある樹の実から苗木を育て、それを遺族に送ろうと吉松さんは思いつくんです。そこで靖国神社に相談して境内の一角を貸してもらい、自分一人でコツコツと銀杏《いちょう》の実を植えて苗木を育て、遺族の方に差し上げるようにした。

保阪　今でも靖国神社には鉢植えの苗木が置いてありますね。そもそもの由来はそういうことだったのですか。深い意味があるんですね。

半藤　参道のところに無人の店がありますね。今は五百円くらいじゃないですか。私が取材した当時の昭和三十六年頃はただで配っていたんですよ。靖国の「靖」という字は、「青を立てる」つまり緑を植えるということだ。こういう形で日本に平和が根づくことを、死んだ人たちがいちばん願っていると思うから、この仕事はずっと続けるつもりです、と吉松さんは農耕の手を休め、タバコをプカリプカリとやりながら、言っていましたね。

ただ、最初のうち家族には総スカンだったみたいです。まだ働ける歳なのに稼いでくれないというので（笑）。でも、吉松さんは国交回復前の中国から植樹に対して感謝状をもらっているのですよ。本当は勲章という話もあったたんですが、国交がないので感謝状にしたらしいです。

保阪　吉松さんは、戦中も戦後も生き方が一貫していますね。われわれがお会いして心打たれるのはそういう人です。戦後、時流に乗ってころころと思想、信条が豹変する人間は、信用できません。

半藤　そうですね、それと吉松さんもそうですが、戦場で勇猛果敢な指揮官ほど、お会いするとじつにもの静かな方が多いんですよ。自分を誇らず、穏やかで、ほんとうに謙虚なんです。

緒戦の頃のマレー戦線で五百八十名の戦車連隊を率いて六千名の英軍の防御線を突破した佐伯《さえき》静夫大佐もそうでした。猛攻撃を受けながら陣地を死守して、逆に相手のほうが日本軍は大部隊だと勘違いして総退却してしまった。終戦後に私が会った時は小さな印刷会社を経営していましたが、学校の修身の先生のような雰囲気で、折り目正しい紳士なんですよ。『七人の侍』の志村喬《たかし》演じる勘兵衛のセリフを引いて「戦《いくさ》とは走るものだ、というのは本当にそのとおりです」と静かに笑っていました。

保阪　たしかに勇気のある人ほど穏やかで心配りをする人が多いような気がしますね。近衛《このえ》師団の陸軍少尉としてインドネシアで終戦を迎えた乙戸《おつど》昇さんは、戦後もインドネシアに残ってオランダからの独立戦争にも参加し、独立功労章を受章した勇士ですが、この方も温厚な紳士でした。

小柄で背筋がピシッとして、いつも眼が穏やかに微笑している。戦後はお土産物の人形などの製作をしながら、残留日本兵の集まりであるヤヤサン・福祉友の会を設立して仲間を助けたり、日本語学校を運営したりされました。私財を投じて残留日本兵を援助し、日本とインドネシアの関係の礎《いしずえ》を作っています。乙戸さんは平成十二年に亡くなり、今はジャカルタのカリバタ英雄墓地に眠っています。その葬儀には日本からもかつての近衛師団の仲間が駆けつけたそうです。

半藤　もの静かな勇者たちをもう少し挙げましょうか。田辺弥八《やはち》さんは、ミッドウェー海戦で空母「ヨークタウン」に魚雷二本を命中させて止《とど》めを刺し、駆逐艦「ハンマン」も魚雷一本で沈没させた潜水艦伊一六八号の艦長です。ミッドウェー海戦では、これが唯一と言っていい日本側の戦果ですが、この田辺さんがなんとも言えず穏やかな、言葉数の少ない温厚な紳士でしてね。元海軍中佐というより腰の低いお店の番頭さんという感じでした。

戦後は紙屋さんをやっていましたが、「人にありがとうございますと言って、しみじみ頭を下げるのはなんと心楽しいことだろうと初めて分かりました」とおっしゃってました。真の勇気とはなんだと思いますか、と尋ねたら「義務にしたがって精一杯努力することでしょうか」と静かに答えられた。田辺さんの肺にはガダルカナル島で受けた機銃弾が入っているそうです。「戦争で得たものはそれだけですよ」と笑ってました。

同じ殊勲の潜水艦の艦長では、ソロモン沖で空母「サラトガ」に致命傷を与えた伊二六号の長谷川稔（旧姓・横田）さんもいます。戦後、神奈川県の藤沢高校の数学の先生をしていました。生徒たちがつけたニックネームは「艦長」。みんな授業の合間にときどき長谷川先生が語る潜水艦の話が楽しみで仕方ないのですよ。三角法の問題から、目標の速力が何ノット、魚雷の速力が何ノット、方位角と斜角が何度でと説明し始めると、生徒たちは目を輝かせて聞き入る。みんな長谷川先生を慕っていましたね。潜水艦乗りは、言っちゃ悪いけど、兵学校の成績があんまりよくないのですよね。ですから参謀なんかにはなれない。しかし、戦場の勇者なんです。そっと敵の輪形陣の内部に忍びこんでいき、魚雷を発射したあとが大変なのですね。海中でひたすら耐えて敵艦からの爆雷攻撃を受けなければならない。よほど我慢強くなければ、生き延びることはできない。田辺さんも長谷川さんも、およそ殺気立つところが感じられない人たちでしたね。

この人たちは、戦後の生き方も目立つことなく、学校の先生や中小企業のオヤジさんだったりして、社会の中できちんと仕事をして生きていた。話を聞いても清々《すがすが》しかったですよ。普段穏やかで、目立たない人のほうが、いざとなると大仕事を成し遂げるんじゃないかと私は思いましたね。どうも大言壮語して、俺が俺がと言うやつはダメなんじゃないか。

保阪　そうですね。憲兵隊の幹部だった軍人に会った時は、言い訳がましい話し方のうえに終始人《しゅうし》の目を見ないで話をするので、驚きました。

それと戦場で戦う人間と机の上で作戦を練る人間とは、違うんですね。机の上でやっているエリートたちは、生き死にが遠い世界にいます。だから平気で、ああ、あの師団を送る輸送船は沈められたか、八隻ぐらい送ってそのうち二隻ぐらい着けばいいとか、そういう計算をする。やっぱりそれは生き方にも現れるでしょうね。大本営の参謀たちにはそういう発想がある。大本営の一参謀だった軍人が「特攻隊は発想の先取りだった」と言い、「ミサイルはコンピュータを使って目標に向かっていくだろう、その先取りだよ」と言った時には、飛びかかってぶん殴りたかったですよ。

責任を感じない人びと

半藤　ここまでは戦後、立派な生き方をされた指揮官の方たちの話でしたが、首を傾げたくなるような戦後の生き方もあります。保阪さんとの対談『昭和の名将と愚将』

（文春新書）でも、「（愚将とは）責任ある立場にあって最も無責任だった将」と言いましたが、そんな愚将が戦後も顕職《けんしょく》や国会議員になった例がたくさんあります。その筆頭が辻政信《つじまさのぶ》でしょう。

保阪　辻政信はバンコクで終戦を迎えてから、戦犯指定を逃れるために僧侶に変装してタイや中国に逃亡し、追放解除後の昭和二十四年八月に帰国しますよね。それから『潜行三千里』や『十五対一』を書いてベストセラーになる。昭和二十七年には衆議院議員に当選し、三十四年には岸信介批判が原因で除名され、参議院に鞍替えして全国区でなんと三位で当選します。昭和三十六年に東南アジア視察を名目に日本を出国したきり失踪し、ＣＩＡに暗殺されたとか、虎に襲われたとか、ラオスで銃殺されたとか、各説はありますが、真相は分かっていません。

辻の戦後の生き方は、日本人についていろいろ考えさせられることが多いですね。この軍人に見られる性格は、日本軍の軍人全体に通じるわけではないでしょうが、とにかく異形《いぎょう》の人だと思う。

半藤　私は二度、議員会館で会ったことがありまして。とにかくよく喋るのです。喋ってるうちに、俺の体には銃弾が何発も入っていると、最後は裸になっちゃうんですよ。それも最初は二発で二カ国の銃弾だったのが、だんだん話が大きくなって、俺の体には米英中ソ濠蘭と六つの国の六発の弾が入っていると言い出した。最後は世界中の国の弾丸が入っていると言い出すのじゃないかと、社に帰ってから先輩社員と話しましたけど、ともかく反省の「は」の字もない人でした。

保阪　結局、彼は戦争中も常に責任逃れをし、さんざん失敗して日本兵を殺し、戦後も同じように責任を取らず反省もせず、大言壮語《たいげんそうご》をくり返し国会議員として表舞台に立つわけですね。

半藤　戦争が終わって、講和条約を結んで日本は独立したから全部チャラになった、責任なんて感じる必要がないんだと思ったのでしょうか。それにオレは勇戦力闘した人間だから、何ら恥じるところはないと確信している。だから昂然《こうぜん》と胸を張っている。辻政信という軍人が参謀本部の作戦課、つまり陸軍の中枢にいたというのは、おっかない時代だと思いますね。一方には責任を痛感して蟄居して静かに生活している人もたくさんいたのに、あれだけの作戦の失敗や謀略をやっておきながら、戦後はまた国会議員として国家の中枢で大手を振って歩いているのだから。

保阪　ただ新聞記者の書を読むと、この軍人くらい話の分かる人はいなかったとの評もあるのが不思議です。しかし、こういう人物を議員に選んでしまう日本人、日本社会もノンシャランというか無責任ですよね。

半藤　そうですね、日本人の忘れっぽさでしょうか。辻は強気で威勢がいいし、参謀なのに常に前線に出ていって戦うので、一部のジャーナリストや戦場で一緒に戦った兵隊さんに意外と人気があったのです。

辻とコンビを組んでいた服部卓四郎《はっとりたくしろう》も、戦犯に問われてもおかしくないのに、戦後は隠然たる存在として裏側で力を持ち続けた。開戦の時は参謀本部の作戦課長だし、前線に出て戦っていないからB・C級戦犯にも問われないのです。

保阪　服部は戦後、偽名を使って復員庁の史実調査部長におさまるのですよ。節操がないというか、責任をまったく感じてない。大本営の参謀で、服部より下の世代の人が、戦後の物資がない時に彼に会ったら立派な背広を着て羽振りがいいのに驚いたと言っていました。

半藤　とにかく時の権力にすり寄ることがうまかったようです。そしてあろうことかGHQから給料をもらって『大東亜戦争全史』を出しますね。

保阪　この史実調査部の予算はGHQのウィロビーが責任者を務めるG2（参謀第二部）から出ています。そして『大東亜戦争全史』というあまりにも自分たちに都合のいい戦史を作って、巧妙に史実を隠蔽しています。ウィロビーはマッカーサーに、再軍備の時の参謀総長役に服部を推薦していますからね。唖然《あぜん》とする話です。

半藤　それは吉田茂首相の「ナニッ、東条の秘書官が？　とんでもない」という反対で実現しませんでしたが。

保阪　服部は、旧軍人や右翼に対して敵対的な吉田を暗殺しようとしたという説もあるそうですね。それを「今はクーデターを起こす時じゃない」と辻が止めたとか。もっともこれはＣＩＡの調査によるもので、何年か前に報じられたのですが、真相を確かめたいですね。

半藤　どこまでも黒い噂のつきまとう二人ですね。

牟田口廉也の自己弁明

保阪　辻政信と服部卓四郎は、責任逃れをしながら、戦前の軍部の暗黒を戦後の保守政治にそのまま引きずっていった人たちですが、これとは逆に戦前と戦後で思想的に百八十度転換した人たちもいるでしょう。私は先に石井秋穂の生き方について触れましたが、その対極にあるのが遠藤三郎だと思うのです。

陸軍幼年学校から陸大を出たエリートで、航空士官学校長、陸軍航空本部総務部長、軍需省航空兵器総局長官などを歴任しました。この時は勤労学徒に「一機でも多く飛行機を作れ」と長官の名を記した鉢巻を巻かせています。最後は陸軍中将です。それが戦後になると、片山哲らと憲法擁護国民連合を結成して、昭和十年代の元外相・有田八郎や近衛内閣の書記官長・風見章《あきら》と護憲三羽がらすと呼ばれるようになる。遠藤さんが主張する非武装中立論が悪いとは思いませんけれど、そんなに簡単に思想を変えていいのかと割り切れない思いも残りますね。

思想も生き方も違うけれど、辻政信と遠藤三郎は、どこか共通点があるんじゃないでしょうか。敗戦によってなにもかも変わった時、自分が信じてやってきたことに殉じて責任を取り、身を引く人たちに対して、時代の波の中で常に主流にい続けようとするタイプと言えるのじゃありませんか。

半藤　そうですね、自分の仕事は終わったというんじゃなくて、時代の流れに乗っかって、いくらでも変貌をとげて、また新しい人生の始まりなんです。

保阪　それに、学校教師などでも、戦前に皇国史観を奉じながら、戦後はラディカルな社会主義に短時間で変わった人には、どうしても信頼できない思いがありますね。

半藤　その一方で、自分は悪くないということにこだわり続けた人もいる。典型はインパール作戦の牟田口《むたぐち》廉也《れんや》中将です。戦後、私は何度も会いましたが、そのたびに「外で話そう」と言われて、江戸川の土手で話すのです。そして、自分の作戦構想を誉《ほ》めたイギリスの本の内容を説明して、自分の作戦の正しさを主張する。なぜ俺が悪者にされなきゃならないんだ、と激昂するのです。あの作戦は部下が無能で意気地がなかったから失敗したんだ、自分は悪くないんだ、と。

保阪　機会があるといつもそう言っていたみたいですね。戦中も戦後も自己弁明のみ繰り返した。自分から昭和史の研究家に連絡して、自説を主張しに行ったりもしていたようです。

半藤　しかし、あの無謀な作戦で戦死者が三万人以上、餓死者と戦病死者が四万人以上、じつに七万二千人以上が亡くなり、生き残ったのは一万二千人だった。それでも責任を感じようとしなかったのですからね。

保阪　牟田口は、ことあるごとに部下に「失敗したら腹を切れ」と言っていたそうですね。でも、自分は責任を取らなかった。戦犯容疑で逮捕されてシンガポールで裁判を受けますが、釈放されて昭和二十三年に帰国します。

半藤　昭和四十一年に七十七歳で亡くなっています。最後まで犠牲になった兵士たちへの謝罪の言葉はなかったようですね。牟田口は宮崎繁三郎と正反対で、常に前線から遠いところで遊興にふけり、司令部に危険が及ぶとすぐに後方に移動する。インパールの生き残りの兵士たちは、どんな思いでいたのか。

保阪　私はインパールの生き残りの将校や兵士何人かに会ったことがあります。そのうちの一人は宮崎繁三郎さんの部下で、京都の五条にある呉服屋の主人でした。訪ねていくと、商売の反物がいっぱい積んであって、ここじゃなんだから外に出ようかと言って、あまり人の来ない喫茶店の隅で話を聞きました。もの静かな、いかにも呉服屋の旦那という感じの人でしたが、ずっと穏やかに話していたのに、牟田口の名前が出たとたん顔色が変わって、「あの人は畳の上で死んではいけない人間なんだ。そういう指揮官が何人かいるんだ」と激昂したのをよく覚えています。

半藤　話は変わりますが、私は以前、風船爆弾のことを調べてましてね。昭和十九年秋、大本営は風船爆弾に七三一部隊が作ったコレラやペストなどの細菌爆弾を載せてアメリカ本土を攻撃しようとの作戦計画を立てました。梅津《うめづ》美治郎《よしじろう》参謀総長が昭和天皇に奏上しに行くのです。ところが天皇はそれを許可しなかった。「富《ふ》号作戦」というのですが、その編制表を眺めていると、どこかで見たことがあるなあと思える名前がありました。協力研究機関の技師たちと並んで、軍医学校の内藤良一中佐の名前があった。しかも担当は「経度信管」という不可思議なものです。

ご存じのように、戦後、日本ブラッドバンク、のちのミドリ十字の初代社長になった内藤良一なんです。薬害エイズの血液製剤で問題が起きた時、ああ、こういうところに七三一部隊の生き残りがいたんだなと思いました。

保阪　七三一部隊は人体実験が有名になりすぎましたが、泥水の濾過《ろか》などいい研究もしていたのです。衛生兵の中には、私たちはずいぶん人助けもしたのですがと遠慮がちに言う人もいます。しかし、この部隊の幹部の一人である石井四郎の戦後の生き方は醜いですね。戦犯に問われるのを恐れて、偽の葬式まで出したでしょう。石井の右腕だった内藤がアメリカと交渉して、七三一部隊の研究成果を引き渡す代わりに免責されるんです。石井は戦後、新宿で米兵相手の旅館を経営していたそうです。

かつてのミドリ十字は取締役や顧問をはじめ、社員に七三一部隊の出身者が多いのですよ。戦後も治験薬で人体実験まがいのことをやって問題になっています。

三波春夫と加東大介の戦争

半藤　最後はちょっといい話で締めくくりたいですな。庶民の兵隊体験の話をさせてください。

シベリア抑留で苦労された日本人はたくさんいらっしゃるのですが、その中の一人に歌手の三波《みなみ》春夫がいるのです。

三波さんは満洲で敗戦を迎えて、四年間、ハバロフスクなどの収容所に抑留されるのですね。その時、もともと浪曲師だった彼は、シベリアで日本人の同期を元気づけるために浪花節《なにわぶし》を演じたんだそうです。みんなで生きて日本に帰ろうとの思いを一つにして唸った。昭和二十四年になってようやく日本に帰り、浪曲師として活動を再開しようとしたら、奥さんが偉い人で、時代が変わった、浪花節なんかダメだ、流行歌をやりなさいと言うんですって。本人は浪花節に未練があったみたいですが、まあ流行歌手に転じて成功するわけです。

ある時永六輔《えいろくすけ》と中村八大《はちだい》の二人で、おじいさんやおばあさんが歌えるようにと歌を作ったんですね。お年寄りに人気があるのは三波春夫だから、彼に歌ってもらってレコードを作ろうとした。レコーディングに入ったら、三波さんは例のこぶしを微妙にきかせるものだから、お年寄りが歌える歌にならない。何度やり直してもダメなんです。それで他の人にやってもらうことになって、三波さんは「ダメですか」と言って肩を落として楽屋に帰っていった。その時服にマイクをつけたまま戻ったのです。

楽屋には奥さんが待っていました。三波さんが、どうも僕じゃお年寄りが歌える歌にならないらしいと言ったら、奥さんが、あなたは天下の三波春夫じゃないか、だらしない、もういっぺん行ってやり直してきなさいと言う。その話が全部、マイクを通して聞こえるわけです。三波さんは戻ってきて、もう一度やらせてください、と頭を深々と下げて言うのですが、永さんも中村さんも奥さんとのやりとりを聞いているから断れない。今度はうまく歌って、レコーディングが完了しました。終わってから永さんが、「先ほどは三波先生に大変失礼いたしました」と言ったら、「いえいえ、あれしきのこと、私にはシベリアの苦労がありますから、あれを思えばどんなことでも我慢できます。なんでもありません」と言ったそうです。

これは永さんから聞いた話で、細部は違っているかもしれませんが、私はたいそう感動しました。三波さんは酒も博打《ばくち》もやらず、歌一筋の一生だったそうです。「お客様は神様です」というのが口癖でしたが、その背景にはシベリア抑留があるんだなとしみじみ思いましたね。

保阪　シベリア抑留の体験者にはかなり会いましたが、ソ連を激しく憎む人、日本人抑留者の体験にこだわる人、稀にソ連に感謝して、私は初めて理論でものを考えるようになりましたという人もいる。

シベリア抑留について政府に補償を求める運動を進めていた斎藤六郎さんにも何度か会いましたが、印象に残っているのは、ロシア人はどんなことでも記録を残しておけば認めるけれど、記憶をぶつけても決して認めないと述懐していたことです。斎藤さんは何度もロシアに足を運んで旧ソ連からさまざまな資料を入手しましたが、そのおかげで抑留がなぜ行われたかがずいぶん分かるようになりました。辛い体験は人にいろいろなことを教えるのですね。

半藤　もう一人、俳優の加東大介——加藤徳之助軍曹も、戦争体験が人生に大きな比重を占めています。彼は最大の激戦地のニューギニアで、死を前にしつつ戦う戦友たちを勇気づけようと劇団を作り、「瞼《まぶた》の母」や「一本刀土俵入《いっぽんがたなどひょういり》」などを上演するのですね。雪の降らない南国なので、紙吹雪で雪を降らせたら、いつも客席から歓声が起こった。ところが、ある時、しーんとしているので客席を覗いたら、みんな泣いている。じつは、その日の観客は東北出身の兵隊たちだったのですね。

彼は戦後、その体験を『南の島に雪が降る』という回顧録に書きますが、「あの時の芝居することの意義と感動があったから、戦後どんなに苦労しても、貧乏しても、役者を続けられたんです」と語っていました。

保阪　戦後の日本人は、大なり小なり戦争体験を引きずって生きていました。半藤さんも私も、その聞き書きの旅をずっと続けてきたわけですが、もう軍の指揮官たちはもちろん、兵隊体験のある方もしだいに亡くなっています。それだけにこれからは誤った史実や伝承が生まれないようにしたいですね。軍人の戦後の生き方の中には、戦前のその人自身の姿も反映していると考えるべきだと思います。

半藤　そうですね。こうやってさまざまな軍人たちの戦前と戦後の生き方を考えてみると、そこには日本人そのものの生き様が見えてくる。組織としても個人としても、昔も今もほとんど変わってないんじゃないかという気もします。気高く生きた人もいた。許すべからざる生き方を続けた人もいた。歴史とは人間学だとつくづく思えてきます。昭和史から学ぶべきことは、まだまだ多いですね。

なぜ日本人は山本五十六を忘れないのか

戸髙一成

&

半藤一利

戸高一成（とだか・かずしげ）
昭和二十三年、宮崎県生まれ。海軍史研究家・呉市海事歴史科学館（大和ミュージアム）館長。著書に『戦艦大和に捧ぐ』、『聞き書き・日本海軍史』、『海戦からみた太平洋戦争』、『昭和陸海軍の失敗―彼らはなぜ国家を破滅の淵に追いやったのか』（共著）、『日本海軍はなぜ過ったか―海軍反省会四〇〇時間の証言より』（共著）、『証言録・海軍反省会』（編）、『日本人と愛国心』（共著）ほかがある。

長岡人山本五十六

半藤　山本五十六《やまもといそろく》という人を語る場合、話が幕末にまで遡《さかのぼ》ることに、まず私は歴史の妙味を感ずるのです。

戸髙　長岡藩（現新潟県長岡市近在）士の家系でしたね。最後まで徳川について官軍と戦った。

半藤　そう。生家は高野といい、長岡藩、家禄《かろく》百二十石、代々儒家の家柄でした。祖父・高野秀右衛門は長岡城攻防戦で、七十七歳にして敵陣に切りこみ戦死を遂げるのです。父・貞吉も銃士隊に加わった。貞吉は、敗戦後、明治になって苦労を重ね、役人や小学校長まで務めています。

戸髙　高野五十六は、明治十七（一八八四）年四月四日、貞吉が五十六歳の時、六男として生まれています。だから、名前も五十六になった。その頃は家運も傾き、ひどく貧しかったと言われます。

半藤　当時の越後は貧しかったでしょう。浄土真宗に帰依《きえ》する家がほとんどで、高野家も例外でなかった。真宗でなければ五十六は間引かれる運命だったかもしれません。五人の兄たちは、食い扶持《ぶち》を減らすため、他家へ養子に出されたり、働くために上京を余儀なくされている。苦労が絶えなかったことは容易に察しがつきます。九歳頃の思い出として「一家寂寞《せきばく》」と山本はのちに記していますが、まあそうだったのでしょう。

戸高　苦学して長岡中学校（現県立長岡高校）を卒業して、海軍兵学校に入学するのですが、成績二番で入ったというから優秀です。海兵卒業（三十二期）は明治三十七年で、百九十二人中の十三番。首席卒業が堀悌吉《ほりていきち》。生涯を通じた親友になる男です。

半藤　卒業直前の二月には日露戦争が始まっています。ですから、この年の卒業生は、「遠洋航海」という卒業にあたっての〝通過儀礼〟が中止されて、すぐに軍艦に乗り組み、実戦配備となった。高野五十六が乗り組んだのは、装甲巡洋艦「日進」。日本海海戦に参加するわけです。

戸高　日本海海戦で、彼は重傷を負っていますね。左手の人差し指と中指を失い、右足の股の裏を抉り取られている。あわや、軍人生命も一巻の終わりという大怪我でした。

半藤　高野五十六が、戊辰《ぼしん》戦争の時河井継之助《かわいつぎのすけ》とともに転戦した長岡藩家老山本帯刀《やまもとたてわき》の名跡を、海軍少佐となった翌年の大正五年に継ぎ、以後、山本五十六となるのです。河井と山本の両家は、維新後も逆賊と見なされていた。山本家は別の姓（富士姓）を名乗っていたくらいです。明治二十二年の憲法発布《はっぷ》の恩赦で、やっと赦《ゆる》された。とにかく「賊軍」藩の出身でした。

戸高　そのあたりの事情、「賊軍」という汚名は、山本の精神に大きな影響を与えたでしょうね、越後・長岡の風土とともに。

半藤　山本五十六という人は、国家に対して本当に真面目に責任を感じて、自分でなんとかしようとした人でした。越後人・長岡人のよいところを体現した人物とも言えるでしょう。もっともこれはだいたい賊軍となった国の気質でもありましょうが。それからいま一つ。天皇に対しての忠節心です。これが非常に強い。当時の日本人としては珍しく忠節なる軍人です。戦前・戦中の昭和史を深く広汎に調べるほどに、忠節じゃない軍人ばかりですから。

戸高　五十六が戦死してすぐにいくつかの本が出ています、戦争中に。それが、だいたいどの本にも河井継之助が出てくるのです。つまり、山本五十六の戦いぶりは、河井の「義の精神」、「常在《じょうざい》戦場の精神」である、と。敵は大軍であろうとも、これを恐れずに戦ったということです。これが、当時の一般的な評価だったわけでしょう。

半藤　そうでした。ですから、河井継之助と山本五十六をつないで、そこに上杉謙信まで入れて、一つの越後軍神の系譜が出来上がってしまった。私も子供心にそう思いこんだものです。

戸高　そうでしょうね。情報がそれだけだったわけですから。

半藤　それから少し経つと、山本五十六は必ずしも好戦的な、河井継之助の流れをくむような人ではなくて、むしろ非戦論というのか反戦的な考え方を持つ軍人だったという評価がちらほらと耳に入ってくるようになりました。

戸高　それはどういう情報の出所だったのでしょうか。わりと早いのですか。

半藤　早いと言えたでしょうね。「山本五十六ってそんな人なの？」「へ～」なんて話をしてましたから。もちろん情報は東京から来ていたのです。

戸高　そういう意味で、さまざまな戦時中の軍人の中では、比較的早く復活しています。戦後、軍人がみんな非難の嵐の中で蟄居《ちっきょ》せざるをえなかった状況で、すでに亡くなっていた山本がいち早く復活できたというのはどういうことなのか。そういう情報を最初に誰が流したのでしょう。

半藤　誰が発信したにせよ、比較的早くから、その手の話は長岡にはありました。また、そういう話が出てくる素地は十分にあったのですよ、山本は戦前に長岡へ来て「対米非戦」の講演を何回かやっていますから、それを直接聞いた人の中には信奉者が多くいたということで。いまでも昔語りをする人がいますが、長岡が空襲で焼け野原になったのに県庁所在地の新潟は無事だったのは、山本が長岡生まれだったせいだと、戦後すぐに言い出した人が増えたのです。他愛ない噂ですがそれでも信じてしまう人がいるのはいつの時代も一緒です。そうした中で、流言飛語《りゅうげんひご》を否定し去る形で、「そうではない」と。山本五十六という軍人はそういう人間じゃなかったということが言われ出したんですよ。

戸髙　やはり山本さんの信奉者、戦争には敗れはしたが、山本五十六の信奉者というのは根強くいたということでしょう。そういう話が出たのは日本中どこでも同じだったと思います。東京で評伝を出版しても、山本五十六に対する評価は、否定的にはならないわけです。「こいつは悪かった」という話は戦後になっても本当にあまりない。

半藤　不思議議です。山本五十六の評価は、よいほうへぐっと向きましたからね。

戸髙　話がいきなり、最期の死に行くのは妙ですが、やはり、いい時期に戦死したこともあるでしょう。海軍がぼろぼろになった時にはもういないですから。

さて、戦後の山本五十六評価の確立に寄与したのはやはり、「第二復員省」（海軍省は戦後、その処理にあたってこう改称された）だったと思います。終戦直後に第二復員省で海軍戦史をまとめたグループは、旧海軍のエリート・グループでした。そういう人たちが終戦直後の早い時期に日本の海軍戦史をまとめるにあたって、山本五十六の復権、復活を目論んでそういう手を打った。言い方を変えれば、そういう方向で執筆にあたった可能性は高いと思われます。

半藤 それは、あります。実際、それまで市井《しせい》では、山本五十六という人は、何か好戦的な軍人の一人に数えられていて、戦争責任があるのだという文脈で捉えられていたことも事実なのです。旧海軍の軍人の間では別な意味で批判派がこれまた多かった。私は、昭和三十年頃から太平洋戦争史に関わり、調査取材を始めたのですが、海軍関係者の会う人会う人に山本五十六のことを訊ねると、評判の悪いことといったらないのですよ。海軍の内部には一種の派閥争いみたいなのがあって、反山本的な空気もかなり残っていましたしね。そっちのほうの人々は、皆、口々に、「あいつが真珠湾なんて攻撃したから、この戦争はまずかったんだ」とか「もっと堂々と、明治以来の作戦計画で戦えば勝てたかもしれない」なんて言う手合いが本当に多かった。奇襲なんかじゃなくてね。その一派から言わせれば、山本五十六が採った真珠湾奇襲作戦は大バカなわけです。

ですから、戸髙さんが言われた復員省が意図しての山本復権は相当な深謀遠慮があってのことだと思います。まあ、なかなか微妙な問題もあったのでしょう。

戸髙 反町《そりまち》栄一の『人間 山本五十六』(昭和三十一年)は、資料として興味深い本でした。しかし、なんと言っても、日本国民の間に山本五十六の評価を決定づけたのは、阿川弘之の『山本五十六』（昭和四十年）でしょう。

半藤　そうです。昭和四十年刊行のこの作品が決定的でした。それにしても、阿川さん、あの当時よくお書きになった。戦後しばらくは、文学者が戦争や軍人を書くなんてどうかしておると思われていたのですから。

戸髙　やはりあれだけの筆力というか、あの迫真性は素晴らしい。あの頃はまだ直接の関係者もたくさん御存命でした。細かな話をよく聞いています。

軍令部に抗して

戸髙　半藤さんが当時話を聞かれた海軍関係者の中で、山本五十六をもっとも口汚く罵っていたのはどなたでしたか。

半藤　黛治夫《まゆずみはるお》（海軍大佐）、この人は砲術のほうが専門です、いわゆる鉄砲屋さん。それから松田千秋《ちあき》（海軍少将）あたりでしょうか。この人も専門は砲術です。それと佐薙《さなぎ》毅《さだむ》（海軍大佐）、いずれも軍令部にいた人たちです。ハワイ作戦に反対した連中です。山本五十六は、軍令部とはまったく関係が悪かった。

戸髙　その三人は、私もよく話を聞きました。松田は、軍令部にいて戦艦「大和」の基本計画の時に、そのプランに立ち会っているような人ですから。「戦艦不要論」の山本五十六とそりの合うはずもない。「大和」をいかに使うかで考えて作ったら、山本五十六はぜんぜん使わん、けしからんという批判です。

そういえば、山本五十六は一度も軍令部に身を置いた経験がない海軍軍人です。海軍省と艦隊だけでした。もともと山本は、軍令部が大嫌いなのですよ。

半藤　そうそう。

戸髙　ロンドンでの軍縮会議の予備交渉の時に、海軍兵学校同期で無二の親友だった堀悌吉が予備役《よびえき》にされてしまう電報を受け取るのです。簡単に言えばクビ。堀は山本の親友だというにとどまらず海軍の将来を背負うと嘱望されていた逸材です。対米戦はどうあっても回避せねばならないという信条においても山本には必要欠くべからざる同志でしたから、それこそ口汚く、あいつらはもう絶対許せんというふうな発言までする。この時でしょう、山本五十六が完全に軍令部に愛想をつかしたのは。それまでの五十六さんは、どちらかと言うと考え方は軍令部に近かった。いざとなれば日米衝突やむなしというぐらいの覚悟で、わりあい右派と見られていた。軍令部もそう思っている。

半藤　一九三四（昭和九）年のロンドン軍縮会議予備交渉まで山本が比較的右派だった

という戸高説ですが、じつは私もその説を採っていたんです。少なくとも、一九二二（大正十一）年のワシントン海軍軍縮条約の時は、かなり対米強硬派で、軍令部の考え方に近いと思っていました。堀の影響を受けて対米非戦論、「軽々しく戦うべからず」になるのはそのあとかと。
しかし、このところ、そうではなかったと考えを修正するに至ったのです。きっかけは四竈孝輔《しかまこうすけ》（海軍中将）の『侍従武官日記《じじゆうぶかん》』を詳細に読んだことでした。大正時代に書かれた日記ですが、ここに頻繁に山本と堀が登場する。兵学校時代からいかに二人の仲がよかったのか、山本がいかに堀から強い影響を受けていたか、詳細に書かれている。そこをひもとくと、最初から「薩摩海軍」に対しては白い眼で見て、非主流的な立場をとっていたと思われるのです。
戸高　なるほど。いずれにせよ、堀が五十一歳で海軍を追われて以後、山本五十六の行動はすべて反・軍令部だと思うのです。軍令部が心底嫌いになったのです、私に言わせると。これが、太平洋戦争の時に大変な悪影響を及ぼすことになる。
半藤　反・軍令部ということで言うなら、加藤寛治《ひろはる》（大将）、末次信正《すえつぐ》（大将）に連なる人間をまったく認めなくなった。いうところの「艦隊派」です。これにつながる輩は大嫌いなんだ。顔も見たくない。そこに永野修身《ながのおさみ》（元帥《げんすい》）が入ってくる。その下には南雲忠一《なぐもちゅういち》（戦死後に大将）がいる。

戸髙　それにしても山本さんのキャリアを見ていると、本当に挫折ばかりしている人だとつくづく感じます。軍人として砲術を極めようとしても完遂できないで、当時は海のものとも山のものともしれない飛行機のほうに行くことになってしまう。そこで頑張っていて仕事の結果が出そうになると今度は海軍省に引っ張られて条約問題を担当させられる。それで一心に邁進していると、ある日突然に連合艦隊司令長官にもっていかれる。本当に山本さんが自分はここで仕事をして成果を出すぞと思った頃にコロリと替えられて、いつも自分の思いが全《まっと》うできないでいるわけです。で、最後は戦争を回避しようとしても、それも全うできない。けりをつけようとするのですがうまくいかない。何か途中で投げているような気配すらするのです。

半藤　なぜ砲術かと言えば、これは海軍の伝統として兵学校の成績のよい者は砲術に行くことになっているわけです。大正時代、飛行機なんて、誰も好んで行くようなところではなかった。その頃、飛行機で戦艦を沈められるなんて誰も想像すらしていない。まして潜水艦に行くようなのは少ないわけです。砲術は、海軍ではエリートコースだった。そのメーンストリートから外されてしまう。人事で翻弄《ほんろう》されるんだね。なぜ飛行機のほうへ行ったのか、にわかには分かりません。

戸髙　海軍は、陸軍と違って海軍大臣がすべての人事権を握っていますから、海軍大臣が決めるのですが、あるいは大臣に睨《にら》まれたのかもしれません。

半藤　それからもう一つ、昭和七年に伏見宮博恭王《ふしみのみやひろやす》が海軍軍令部長になるわけです。そうすると、それからは海軍大臣といえども、一々伏見宮様にお伺いを立てなくてはならない。「山本？　ああ、山本はダメ」と、こうなった気がします。伏見宮が軍令部総長になってからも、「山本？　ああ、ダメ」だと思いますよ。

戸髙　たしかに、伏見宮は山本のようなタイプを評価しないというよりも、あまり趣味ではなかったということでしょう。もう少し品のいい、スラリとした海軍士官のほうがお好きでしたから。博打が好きで、なんでもずけずけものを言うようなバンカラは趣味じゃない。

半藤　若い頃はバンカラだし、齢を重ねてからもそう変わらなかった。つい最近読んだのですが、風見章《かざみあきら》という近衛内閣の書記官長だった人が書いた本の中に出てきます。米内光政《よないみつまさ》海軍大臣、山本海軍次官、井上成美《いのうえしげよし》軍務局長の頃の書記官長です。ですから、このトリオとは会うことも多かった。そうすると、米内はじつに鷹揚として寡黙なのだけれど、山本はずけずけとしていて、官房なんて屁とも思っていないというわけです。悪口は平気で言うし。「陸軍？　ああ、ならず者の集まりだ」という調子でやるから、それがみんな陸軍の耳に入るわけだ。とにかくガラッパチみたいに思われていたらしい、海軍次官時代は。私みたいにね。私も呑んべえのガラッパチと思われています（笑）。当然、伏見宮の耳にも入ります。山本五十六は野蛮人だ、と。もちろん、野蛮人からはもっとも遠い人なのですがね。

戸高　ええ、もちろん違いますね。ここで山本五十六の個人的なカリスマ性に焦点を当ててみませんか。このタームから眺めると、その後の真珠湾奇襲作戦からその死まで、従来の山本五十六像では見えなかった「歴史」を語ることができそうです。まあ、すでにお話ししたように、山本はその意に反して飛行機のほうに行かされます。ま、左遷とは言わないにしても栄転ではもちろんない。当時においては、将来の海軍を背負って立つ提督のコースではなかったことは間違いありません。飛行機なんて実戦の能力をまだ疑われていた時代ですから。そんな時代、大正十三年に霞ヶ浦《かすみがうら》航空隊の教頭兼副長になった。

半藤　山本さんは、そこで猛勉強を始めたわけです、飛行機というものについて。飛行機の持つ戦略上の可能性にも気がついたでしょう。

戸高　そうは言っても、赴任直後は、大変です。有名なエピソードに、三和義勇《みわよしたけ》が、「こんな素人の部下になるのはごめんだ。こんなやつの言うことなんか聞けん」と言って反発抵抗する話があります。ですから、行った時点では山本五十六は飛行機のなんたるかなどなにも知らない男だと思われていたことはたしかです。でも、山本五十六はこの時も不思議なのですが、三和が直接文句を言いに行って、そこでいきなりコロリと信奉者になり変わって帰ってくるわけです。

半藤　そう、その三和義勇さんは山本の参謀になって、大信奉者になるのですからね。山本五十六以外にもういない、と言って。

戸髙　山本五十六には、そういう強烈なカリスマ性がある。この人が持つ人を惹《ひ》きつける力というものは尋常じゃない。キャリアとかは別にして、山本が突出したカリスマを持ったリーダーであることは、どんな批判者も認めるでしょう。その魅力とはなんなのでしょうね。だいたい、山本さんと面と向かって話をした人で彼を悪く言う人間はほとんどいないわけです。

半藤　米内光政に言わせると、「茶目《ちゃめ》」であると。越後人なので口は重たいが、いったん彼が真情を吐露すると、たとえ敵対者でも傾聴して懐柔されてしまうようなところがあったのでしょう。さて、酒も呑まない人がどんな腹芸を使ったのか。心を割って、人間性丸出しで話す、と言うはたやすいが、実際はどんな話芸を弄したのか。五十六さんの声はほとんど残っていなくて、軍縮条約の際、ニュース番組に流れた短いものしか知られていません。

結局、よくも悪くも「越後人」ですな。越後の人は人見知りするのですよ、かなり。いったんお互いに腹をうちわって懐に入ってしまえばしめたもので、あとはものすごく仲良くなる。けれど、初対面では人見知りするものだから、あらぬ誤解も受けたりする。ちょっと意見が違う者には「ふん」という調子になるから。

戸高　能弁じゃないのですよ。ぺらぺら喋る感じではない。ですから、巷間あまりにも有名になった山本さんの名台詞、「やってみせ、言って聞かせて、させてみて、褒《ほ》めてやらねば人は動かじ」は、どう考えても山本さんのキャラクターじゃないですね。

半藤　あれは昔から海軍にある教育訓みたいなものを、山本さんが自分流にアレンジしたのでしょう。元歌は「目に見せて、耳に聞かせて、させてみて、ほめてやらねば、だれもやるまい」というものでした。それを山本流に直した。「やってみせ、言って聞かせて、させてみて」の「やってみせ」はいかにも山本らしい。「褒めてやらねば人は動かじ」。まあ、それでもやろうとしない者は所詮やらない、と達観していたと思いますがね。

戸高　どうも、山本さんは「言って聞かせて」はあまりないですよ。これも有名な話ですが、真珠湾作戦が成功して第一次攻撃隊の飛行機が母艦に戻ってきた。皆が第二次攻撃を期待しているのに、第一航空艦隊司令長官の南雲忠一は、そのまま引き返してしまいます。山本さんは柱島《はしらじま》の「長門《ながと》」にいたわけですが、参謀たちが第二次攻撃をめぐり喧々囂々《けんけんごうごう》の議論になっているのをじっと聞いていて、「南雲は、やらんだろう」と呟《つぶや》いて、それ以上は督戦《とくせん》しなかった。本心は、米空母を探し出して叩きたかったでしょうが、南雲という人間をよく見ています。

半藤　どうにもこの人は、ものが見えすぎたんでしょう。先が読めすぎる。自分なら言われなくたってちゃんとやれるのに、と。普通の人間は言っても動かない、と。

これは阿川弘之さんがよくお話しになるエピソードですが、山本五十六が連合艦隊司令長官になって東京から岡山へ向かう列車の中で、新聞の取材を受けたことがある。あの頃は、国家の施策として、男子たるもの、皆、坊主頭になれというお達しがあったばかりで、記者が、「あの件は、どうでしょう」と訊ねたところ、山本五十六が「坊主になって何か変わることがあるのかね」と返したというのです。坊主頭になったからってなにも寄与はしないだろう、と平気で新聞記者に言ってしまう磊落《らいらく》さ。阿川さんは、この記事で山本五十六という人物を最初に知って、「非常に印象がよかった」とおっしゃるわけです。

戸高　これはなかなか話せると。

半藤　今度の長官殿は、精神主義じゃないことがよく分かって、愉快だったと。

人望の悲劇

戸高　真珠湾作戦も山本のカリスマから生まれたものと言えなくもありません。従来からの自説に固執するようですが、アメリカとの戦争をなんとしても回避しようと、山本さんが軍令部に無理難題を吹っかけたところ、当初は「そんな大博打が打てるか」と猛反対した軍令部が、結局、「山本がそこまで言うのなら、やらせてみるか」と翻意《ほんい》してしまった。山本五十六御本人がいちばん驚いたに違いない。

半藤　これも不思議な話で、いかにも山本五十六らしい。帝国海軍の伝統的な戦略戦術とはまったく相容《あいい》れない作戦なのに、軍令部も山本の言うことだと聞かざるをえない。

戸高　話は少し前後しますが、やはり開戦前夜の無理難題の一つに、「零戦《ゼロセン》千機」の逸話があります。この時の山本さんの発言がまたすごい。アメリカと戦えるかと訊かれて、それじゃあ零戦を千機と陸攻を千機よこせと言うわけです。これは、誰が聞いても絶対ありえない数字です。年間二、三百機しか作っていない時代ですから。しかもこの年間生産数は訓練で消耗するくらいの数でしかない。参謀の三代《みよ》（一就《かずなり》）さんも、当時の飛行機の生産量は訓練で消耗する数を埋めるので精一杯なのに長官は千機よこせとおっしゃっている、できっこない、と。それは、山本さんも飛行機に詳しいから不可能を承知で言ってるわけです。それぐらいないとできませんよ、と。

半藤　それくらいのことを要求して、「だから、アメリカとの戦争なんてできません」と、そう言いたかったのだと思います。

戸髙　そうです、「どうだ？　できまい」と、こう言いたかったのでしょう。

半藤　真珠湾作戦ですが、先ほども言いましたが、この奇襲作戦は、ロシア・バルチック艦隊を破った日本海海戦以降の帝国海軍の戦略戦術には存在しえないものです。このあたり、今の若い読者には、分かりづらいところでしょうね。

戸髙　基本的には東郷平八郎の日本海海戦での勝利が、日本海軍に完全に刷りこまれた必勝パターンなわけです。ですから、以降もそれをやろうとしています。アメリカと戦う場合には、米艦隊は日本近海、基本的にはフィリピンのほうにやってくることを前提に考えて、マリアナとか小笠原の沖あたりで迎え撃つ。そこで日本海海戦の再現をするというわけです。これを、「邀撃漸減作戦《ようげきぜんげんさくせん》」と名づけていた。洋上で艦隊同士が砲戦で大決戦をする。相手を殲滅《せんめつ》したほうが勝利を手にすると考えられていましたが、第一次大戦ですでに戦争は「国家総力戦」の時代を迎えていました。敵艦隊を沈めたからといってそのまま勝利、和平とはなりません。

山本五十六は、邀撃作戦などありえないと考えていた。それで、ハワイ奇襲で、戦艦を沈めてしまえば戦争もおしまいだと飛躍するのですが、それは先ほどの「零戦千機」と同じことで、さすがの山本さんも現実的だとは考えなかったと思うのです。ですから、「できない例」として真珠湾作戦を持っていった、と。

半藤 よく言われることがあります。「山本五十六が真珠湾攻撃のようなバカなことをやらなければ、日本はまさに日本海海戦を再現できた。太平洋の日本に近いところでアメリカの艦隊を迎え撃って、叩き潰《つぶ》して日本が大勝利を得たはずだ」とね。しかしそれはまるで夢物語で、ありえない話です。これをいまでも信じている阿呆がいます。当時のアメリカの戦略をしっかり勉強せよと言いたい。そもそも米海軍は、大艦隊で洋上決戦を行うなんてことは考えてなんかいませんよ。一九四一(昭和十六)年七月二十六日の「作戦計画46号」というものがありまして、これを見ると大挙して出てくることはない。アメリカには太平洋艦隊と大西洋艦隊があって、戦略の基本は対ドイツです。日本とは正面衝突したくない。したがって日本とは大挙来襲しての大海戦はやらないのです。

開戦したら、アメリカは日本の北太平洋の輸送ルートを攻撃する。南西および南太平洋の日本の商船を巡洋艦や潜水艦で攻撃する。もっぱら通商ラインへの攻撃と遮断です。広い太平洋でいわばゲリラ戦になる。日本海軍は、敵があちこちに出現して翻《ほん》弄《ろう》されます。まったくの消耗戦になる。

戸髙　しかし、軍令部には艦隊決戦しか頭にない。実際に対米戦争を始めれば、陸軍が中国大陸でやっているような戦争を海軍が太平洋で強いられます。そもそも、日本の軍艦は航続力がそんなに大きくはない。迎え撃つ邀撃漸減作戦ですから、遠洋作戦する気はもともとない。第一次大戦後に、マーシャルを委任統治領としてもらった時も管理し切れていないわけです。そのように、元来、防衛作戦しか考えていない艦隊で、遠洋へ出かけていく征服的な戦争をする気のない海軍です。だからこそ、砲戦で大決戦するのが軍令部伝統の作戦計画になっていたわけです。

半藤　そう、純粋な専守防衛海軍です。

戸髙　山本さんは、とりあえず軍令部の考えていることは嫌だという腹があったから、艦船と航空機による機動部隊を作ってこれで戦うことにしたと見ることもできる。軍令部が明治以降延々と練り上げてきた作戦を一度すべてゼロにして、空母中心、空母と飛行機だけの部隊を運用しようとしたのが山本構想なのです。

しかし、ここに至るも山本さんは日米衝突回避論者でした。だから、絶対できないような作戦を軍令部に要求した。それが「真珠湾作戦」だったと私は思います。ところが、なぜか山本さんが言うと、永野修身も「山本がそう言うならなんとかしよう」と言い出して、山本さんのほうは引っこみがつかなくなってしまった。

半藤　ここが不思議なところで、悲劇というか、じつに気の毒な展開になる。カリスマ性、人望の為せるわざなんでしょうが、逆に人望が災いしてしまったと言ってもいい。空母を四隻ではなく六隻すべてよこせとか、できっこないことをどんどん持ち出したはずなのに、「瓢簞《ひょうたん》から駒」で、連合艦隊の航空部隊など、俄然ハッスルして無茶苦茶な猛練習を始めている。

戸高　山本さんが、最後まで本気でなかった証拠に、機動部隊の長官に、まったく評価していない南雲忠一を置いたままなのです。南雲を大嫌いなのですよ、山本は。いわば、軍令部艦隊派系の当時の顔ですから、南雲は。いちばん大事な機動部隊の長官に、いちばん嫌いな人間を乗せたまま送り出したことになります。この作戦に本気だったとはとても思えない。

半藤　いや、内心はその前に大人事異動をしようと考えていたはずです。

戸高　たしかに異動の時期でしたが。

半藤　そうです。つまり昭和十六年の夏くらいに、軍令部にいる対米好戦派を一掃して、海軍省も入れ替える。まず第一に、軍令部総長から伏見宮をおろして、米内さんを総長に据える。海軍大臣には自ら就任し、海軍次官に井上成美を持ってくる。そして、大人事異動を断行して、海軍を大改革する腹積もりだったと思います。

戸高　今、おっしゃった人事のメンバーの組み合わせなら戦争に至らずなんとか乗り切った可能性があります。

半藤　戦争はしないですよ。

戸高　対米譲歩、妥協は相当するにせよ、戦争は回避できたかもしれません。そのかわり、陸軍との少々の内戦はあったかもしれませんが。しかし、それが起きたにせよ二・二六事件程度の、天皇が「朕《ちん》が鎮圧する」とおっしゃればおさまるくらいの規模だったでしょう。

半藤　山本さんと近衛文麿《このえふみまろ》総理が交わした会話は、あまりにも有名です。昭和十六年の九月、近衛首相がルーズベルト米大統領と首脳会談を行おうと考えているわけですが、山本さんが呼ばれて、「もし戦争になったらどうなるのか」と訊ねられた。その時に山本さんは、「一年や一年半は暴れてみせますが、それ以上は分かりませんから、どうぞしっかりと和平を結んでください」と言ったと。これは、近衛が書き残したのですが。

戦争はやったとしても一年半が限度と山本は考えている。ということは、やってはならないということなのです。最後までやってはならぬと言っているのですが、どうしてもやれと言うならば、しょうがないから一年半は頑張ってみるが、その先はない。だからその間に一日も早く和平を考えてくれというのが山本の思考の基本構造なのです。つまり、真珠湾作戦も和平を実現するための方策だった。出鼻で相手をガンと叩けばアメリカは意気阻喪《そそう》して戦意喪失するだろうから、その時講和を有利な条件で結ぶということです。

戸髙　私が想像しうるいちばん極端な話をするなら、対米戦争を一日も早く終わらせるには機動部隊があそこで全滅することだと山本さんは考えたかもしれません。現実に事前の図上演習では、日本の空母はいつも沈められていた。空母が半分沈められたら、もうこれ以上戦争は続けられませんと言うこともできたでしょう。

半藤　これでは戦えない、と言って。そして、山本さんは腹を切りますよ、おそらく。あの人のことですから、切腹して自決します。

戸髙　日米戦争は入り口で終わることになる。

半藤　あそこで負けてしまうのがいちばんよかった。母艦が半分沈んだらもうダメです。知人宛ての手紙にも、天佑《てんゆう》はわれわれにないものと思ってやめるべきと書いているのだから、本当にそう思っていたのです。

連合艦隊で山本さんに仕えた参謀たちの何人かに私は会いました。戦務参謀の渡辺安次《やすじ》とか航空参謀の佐々木彰とかね。それが誰も知らないのですよ、山本さんがどういう考え方で真珠湾攻撃を行ったかを。死後に出てきた書簡を読んで、「山本さんがそんなことを考えていたのか」と初めて分かった。「桶狭間《おけはざま》」、「鵯越《ひよどりごえ》」、「川中島《かわなかじま》」を併せ行う覚悟で真珠湾作戦を考えていたのかと。連合艦隊司令部の参謀たちが知らないのですから、アンチ山本で固まっている軍令部などなんにも知らないわけです。

山本五十六という人は、越後人の悪いところもそっくり持っています。リーダーが、周囲にしっかりと何のためにこの作戦をやるのか説明をしない。これはやはりよくない。山本五十六は名将だが肝心要のところで残念ながらダメなのです。リーダーが、「分かるやつにしか分からない」と説明を怠ってはいけません。

戸髙　それにしても、日本海海戦の勝利体験がすべてを狂わせて真珠湾になって、この真珠湾の成功体験がその後の太平洋戦争をダメにしています。成功体験の処理は難しい。ミッドウェーの失敗も、真珠湾攻撃の夢をもう一度と考えたから起きた。

半藤　あれは、まったく意味がない。

戸髙　まったく不要な作戦です。ドゥーリトルに東京空襲をやられて、山本さんは天皇がおられる東京を空襲されるのはとんでもない話であるとして、太平洋の前線を東の方に押し進めようとしたわけです。そこで、ミッドウェー島が必要だとされたわけですが、そのために連合艦隊全兵力を投入するほどの島ではありません。

半藤 そう、あれは悪名高い先任参謀の黒島亀人《くろしまかめと》の自作自演で、山本さんはそれほどやる気ではなかったのではないか。黒島は、軍令部に、「この作戦が通らない場合、長官はお辞めになる」とおどかしている。真珠湾の時にも黒島はそう言った。

戸高 ミッドウェーはものすごく遠いですよ。補給なんてどこもできない。連合艦隊に相談された軍令部が、そんな作戦できるわけがないとにべもない。それで連合艦隊が自前でやれという話になるわけです。それくらいルーズな作戦です。

半藤 いや、もうすっかり自惚《うぬぼ》れてのぼせ上がっています。ハワイのあとですから。山本五十六だけです。「しまった、戦争を終わらせるチャンスを逸した」と思っている人間なんぞ。ほかには誰もいない。

山本五十六の最期

戸高 山本五十六のブーゲンビル島での最期は悲劇的です。すでに敗色濃厚で「死地を求めていた」という人もいますね。これは、どうでしょう。

半藤　そういうことではなかったでしょう。じつは私、渡辺安次という参謀に聞かされた話があるのですよ。山本五十六が、皆が止めるのも聞かずに一式陸攻に搭乗して最前線に飛んだのはなぜなのかを。あそこは制空権を日米両国が争っている際《きわ》のところで、非常に危なかった。皆が止めたのも当然でした。それで渡辺という人は、山本の信が厚かった参謀で、一番の将棋の相手でもあった。この人が戦後、小松製作所にいたのでなんべんも会いに行ったのです。渡辺は、山本さんから聞いた話として、こう語っていました。

山本さんは、「い号作戦」が終わった時点で、延び切った戦線を一気に引くつもりだった。戦線は延びすぎている。これでは、敵の反攻を抑え切れない。「絶対国防圏」として、サイパン、テニアンのマリアナ諸島あたりまで戦線を後退させ、そこでがっちりと戦力を固め直して最後の決戦をもういっぺんやるつもりだった、と。そのためには、ソロモン諸島にいる航空部隊を捨て石にしなければならない。彼らは帰ることができないから、そこで死ぬまで頑張ってもらうよりほかない。それは悲痛な覚悟であったと。前線視察は単なる慰問、激励ではなくて前線部隊へのお別れだった。「お前たちを捨て石にする。だから覚悟してくれ」ということです。だから、あの人は皆が最前線に長官が行く必要はないと言って止めているのに、「いや、これはどうしても行かなければならないんだ」と押し切って行った。戦線を後退させ防御陣地を固めて、グアムやサイパンを不沈空母にする。そして迎え撃つというのが山本さんの考え方であったと。

「そうですか、そんなことを考えていたのですか」と聞くと渡辺は「間違いない」と言うのです。しかし、これはあくまで渡辺参謀が山本から聞いたという話であって、ほかに聞いた人はいない。ですから、確証はありません。ただ、山本さんの性格から言って、ありえることではあります。

「名をも命も惜しまぬ」男

戸髙 私のように戦後生まれでまったく戦争を知らない世代として、山本五十六の名前から感じることは一つです。太平洋戦争という日本の歴史のうえでも最大の悲劇に対する思いを決して忘れてはならないということです。
戦争の恐ろしさは、戦争への流れを止めることの難しさにある。その思いの中の非常に大きな要素として、山本五十六をキーワードにして考えることが重要なのです。戦争を避けようとしたが避けられなかった不本意な展開があった、終戦に持ちこみたかったがうまくいかなかった、そうしたさまざまな要素を山本五十六という存在をキーにして知ることができるという意味で、本当に重要なポジションにあった人物だと痛感するのです。

日本人の心情として、悲劇的な最期を遂《と》げた者はいつも心に長く残るものです。その意味で山本五十六という軍人の死に様は一つの幸福な姿なのかもしれません。

半藤　さっきも言ったとおり、リーダーとしての山本五十六にはやはり欠けたところ、大きな欠落があります。自分の意志を部下たちに徹底させるという点です。山本さんは、ここがうまくできなかった。真珠湾作戦も、ミッドウェー作戦もそうでした。何をどう考えて真珠湾作戦をやろうと決断したのか、周囲の者は誰一人分かっていない。部下たちは山本司令長官の真意をまったく理解できていなかった。

しかし、リーダーに求められる最大の資質を「決断力」とするなら、山本五十六という人はなかなかの人物だったと思うのです。ですから、むしろ海軍大臣をやらせてみたかったですね。命も惜しまず、対米主戦派に抗する素晴らしい海軍大臣になったと思います。

私は山本贔屓《びいき》を公言していますから、あえて本音を言わせてもらいます。

山本さんの有名な歌、

大君の御楯とただに思う身は
名をも命も惜しまざらなむ

まるで無私の精神を謳《うた》ったような素晴らしい歌ですが、そんな「名をも命も惜しまぬ」精神が山本五十六にはあるのですね、あの人の中にもあるんですよ、戦うべきではない。しかし、戦うと決まったからには爆発する。

この説をあまり誰にも押しつけようとは思いません。私の勝手な思いこみですが、越後の人には、やはりいつか思い切ったことをしてみたい、という願望があるのですよ。それは古くは上杉謙信、幕末ではガトリング銃という卓越した武器を手にした河井継之助がそうでした。山本五十六の中にも私はあると思います。越後人的な、爆発するというか、何かすごいものを手にした時に「一丁やってやるか」という気になるところはあったでしょう。それが、零式戦闘機と一式陸攻と酸素魚雷であったと、私は思うのですよ。

天皇と決断

加藤陽子

&

半藤一利

加藤陽子（かとう・ようこ）
昭和三十五年、埼玉県生まれ。東京大学教授・日本近現代史専攻。著書に『徴兵制と近代日本　1868－1945』、『戦争の日本近現代史』、『戦争の論理―日露戦争から太平洋戦争まで』、『戦争を読む』、『満州事変から日中戦争へ』、『それでも、日本人は「戦争」を選んだ』（小林秀雄賞）、『昭和天皇と戦争の世紀』、『あの戦争になぜ負けたのか』（共著）、『昭和史裁判』（共著）ほかがある。

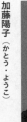

昭和天皇 二つの立場

半藤　今日は「なぜあの戦争を始めてしまったのか／なぜあの戦争を終わらせられなかったのか」というテーマで話したいのですが、どういった切り口で始めましょうか。

加藤　私は、「戦争を始める」または「戦争を終わらせる」といった「意思決定」の話をするには、結局、昭和天皇が何を考えていたのかを分析する必要があると思うんです。

半藤　いきなりいちばん難しいところから来ましたね。

加藤　すみません(笑)。戦争の終わらせ方という点では、昭和天皇は、さすがに甘いことは考えていないですね。内大臣の木戸《きど》幸一《こういち》の書いた日記に、昭和十六年十月十三日のこととして出てきます。対英米戦を決意する場合には、ドイツが単独講和を行って戦線から離脱することがないように注意しなければならない、と。もう一点は、いざという時のためにローマ法皇庁に斡旋を頼めるよう、関係をつけておけと、すでにこの時点で言っています。陸軍などの言う「イギリスをドイツの力で敗北させて、戦争終結に導く」といった他力本願構想に比べて、リアルな終末構想だと思います。

半藤　昭和天皇というのは、内政外交を統括する「天皇陛下」であると同時に、軍事すべてを統帥《とうすい》する「大元帥《だいげんすい》陛下」でもあるんですね。いまのお話は、昭和天皇が「天皇陛下」として考えたことと思います。ドイツについては条約・同盟問題、バチカンについては開戦・講和問題と考えれば、ともに憲法に基づく「天皇陛下」の仕事ですね。

昭和天皇自身もこの二つの人格というか役割を使い分けていましたが、軍人もはっきり使い分けていたようです。これは終戦段階のことになりますが、大井篤《あつし》という海軍大佐が、八月十五日の玉音《ぎょくおん》放送が終わったあとすぐに、「一切の抵抗すべからず、すべて武器を放棄すべし」と配下の護衛艦隊の全艦艇に命令を出したのです。でもその後、海軍省の前で、海軍強硬派の軍務課員柴勝男《しばかつお》大佐に会ったら、「貴様、なぜあんな馬鹿な命令を出したんだ。弱虫の天皇陛下は降服したが、われわれ軍人が頭領と仰ぐ大元帥陛下は降服していない！　まだ戦うんだ！」と怒鳴りつけてきた。それで大喧嘩になったという話が残っています。そして二日遅れの八月十七日に軍人用に「大元帥陛下」の命令が下されます。

結局、昭和天皇も、「天皇陛下」としてはさまざまなことを考えていたと思いますが、「大元帥陛下」としては、開戦直前の昭和十六年十月末時点ではもう戦争に対してしっかりやる気になっていた。少なくとも「やむをえない」と思っていたと、私は判断しますね。

加藤　昭和十六年九月の段階で、おそらく近衛文麿首相と相談のうえで「秩父宮と会ってお話しされては」と勧める高松宮に対し、会見を断っていますから、私もその点は同感です。

半藤　そして終戦の時の昭和天皇は、「天皇陛下」よりも、「大元帥陛下」よりもさらに上を行く、「大天皇陛下」として、講和の大権を行使するわけです。まああくまで私の仮説ですが。

加藤　おもしろい見方だと思います。じつは昭和天皇は昭和十六年十月頃、国民の気持ちと自らの気持ちとの齟齬《そご》について語っています。これも『木戸幸一日記』にありますが、国際連盟からの脱退にしても、日独伊三国軍事同盟の締結にしても、その時に発した詔書《しょうしょ》には、「平和のため」という言葉を入れてあるのに、国民はそうした側面に目を向けない、国民は、もっぱら英米に対抗するためだと考えている、と。こうした天皇の発言からは、天皇の深い疎外感が感じ取れます。また、それより前の十四年一月には、『西園寺公《さいおんじこう》と政局』に出ておりますが、陸軍に対する批判として「満洲・朝鮮をもともとにしてしまはれるまでは」目が覚めないのではないか、との言葉もあります。日清・日露両戦争の果実をゼロにしてしまうまで目が覚めまいとの諦念ですね。

昭和天皇は、皇太子の時の外遊で、第一次世界大戦の激戦場の一つ、ベルダン要塞跡を見ているんですね。天皇は総力戦の悲惨さを誰よりも深く知っていたはずです。その天皇が、国民とも軍とも一体感を感じえない。足下がグラグラするような気持ちがしたのではないでしょうか。

半藤 昭和天皇が孤独を感じていたのは間違いないでしょうね。そのベルダン戦場視察の時に、陛下は「戦争はやってはいけないものだ」と呟いたそうなんです。それを御付《おつき》の陸軍武官が聞いていたのです。それで昭和の初めに、「こんな弱い天皇は替えたほうがいい」という声がかなり上がるんですね。そんな陸軍部内の声に鈴木貫太郎侍従長が憂えている史料が残っています。そしてそれは天皇の耳にも入っていたはずです。

ですから、もし開戦に反対しようものなら、『昭和天皇独白録』にあるように、天皇の周囲の者は殺され、自身の生命も保証されない、と思ったことでしょう。実際二・二六事件で反乱軍が宮城《きゆうじよう》を占領しようとする事件が起きたわけですし、天皇のすげ替えについては、昭和天皇自身が父君である大正天皇の摂政になったことのトラウマがあったとも言いますからね。

加藤　「孤立した天皇」というイメージは重要ですよね。二・二六事件に関与して処刑される磯部浅一《あさいち》の獄中手記を見ますと、昭和天皇を本気で諫《いさ》めようとしていますね。北一輝の『日本改造法案大綱』にしたがって行う自分たちの中道革命こそがまともであるのに、なぜ分かってもらえないのか、と。左の路線としては共産革命があるが、これが国体に反するのは言うまでもない。右の路線としては復古革命論があり、これは、貴族や財閥や既成政党が考える公武《こうぶ》合体的改良であって、これも駄目だ、というわけです。磯部が描く三つの革命路線は、たしかに興味深いですね。復古革命論というのは具体的にはよく分からないのですが、日中戦争が始まった時の首相である近衛文麿に、荒木貞夫などの陸軍皇道派、ここに、高松宮や東久邇宮《ひがしくにのみや》などが連携するイメージでしょうか。復古革命路線は、具体的には、サイパン陥落後の昭和十九年六、七月あたりから実際に出てくる路線でした。

磯部の手記がおもしろいのは、十二年八月の時点――この時はもう日中戦争が始まっているわけですが――でも、天皇のもとでの国内改革を展望していることです。しかし天皇は国内改革の可能性など考えていたのでしょうか。丸山眞男がどこかで、「国民が国内改革への展望を持てなかった点も戦争を止められなかった原因の一つ」と言っていたと思います。革命は、むろんダメであっても、たとえば、既成政党による漸進《ぜんしん》的な改革や、農村の産業組合運動を下敷きにした漸進的な改革など、いま少し本気で希求してもよかったのではないか、ということですね。そうして初めて、二・二六事件のような軍の叛乱を防止できたはずだと。

半藤　天皇自身の中には、「改革」を恐れる気持ちがあったのでしょうかね。

加藤　あったと思います。昭和天皇が即位した頃は、明治維新から六十年弱経った頃です。いわば「日本の還暦」です。天皇をはじめ国民の多くは、維新以来の歩みに対する愛情があった。下手な改革などしたら、天皇のもとで築いてきた近代の輝かしい歴史が否定されてしまうかもしれない、という危機感があったように思います。

第二次世界大戦に参戦しない可能性もあった

半藤　戦後の日本は、いわゆる海軍善玉説を採ってきましたね。ぜんぜんそんなこと言っていないのに、私も知らないうちに海軍善玉説の親分になっている（笑）。ここでちょっと開戦時の海軍の状況についても話をさせてください。

小柳富次《とみじ》というレイテ沖海戦の栗田艦隊の参謀長が戦後、将官クラスから話を聞いた『小柳資料』という本が最近出たんです。そこで井上成美《いのうえしげよし》海軍大将はこう言っているんです。

「岡敬純《たかずみ》大佐、それから、軍令部の神重徳《かみしげのり》中佐は枢軸論の急先鋒で、既に軍務局内では、課長以下、全部がそれで誠に始末が悪い」と。

加藤　一九三九（昭和十四）年の日独伊防共協定の強化の頃ですね。

半藤　そうですね。もうその頃には海軍で同盟に反対しているのは、「大臣、次官、軍務局長の三人だけ」だったわけです。ですから一九四〇（昭和十五）年の九月に、私が対米戦のポイント・オブ・ノーリターンと考える日独伊三国軍事同盟の締結をする時に、近衛文麿総理大臣が「海軍があんなに簡単に賛成するとは思わなかった」なんて言っていますけど、当たり前ですね。海軍の内情としては、軍事同盟を結びたくて仕方がなかったんですよ。

南部仏印《ふついん》進駐にしてもそうです。これも反対していたのは、井上成美の回想によると、古賀峯一《みねいち》海軍大将と、山本五十六《やまもといそろく》長官と、それから自分しかいなかった。「このような重大なことを艦隊長官の考えも訊かずに簡単に決め、さあ戦うぞと言われても勝てません。艦隊には艦隊の開戦時期というものがある。軍令部のお考えはどうですか」と山本や古賀が問い詰めると、永野修身《ながのおさみ》軍令部総長が、「政府がそう決めたんだから仕方がないだろう」と返した。会議が終わった直後、古賀は井上成美の部屋に入ってきて、「さっきの永野さんの言葉はなんだ。軍令部の立場がまるでわかっていない」とカンカンに怒った。そこへ山本も入ってきて、「永野さんは駄目だな」と言ったそうなんですね。

さらに、「昭和十三、十四年頃は、海軍も慎重であった。ところがいつの間にか米英なにするものぞといった侮《あなど》った見方をする人間が幅を利かせてきた。そして、対米慎重論や不戦論者に対しては、武士の風上にも置けない臆病者か卑怯者のような扱いであった」ともはっきり語っている。

海軍はこんな状態だったんです。海軍が戦争を止める勢力だったなどと言われた時代もありましたが、実際はそうではないのですね。

加藤 陸軍は、伝統的にソ連を中心に考えてきた集団ですから、日中戦争解決のための日米交渉に望みをかけていた。海軍は海軍で、イギリスかアメリカか一国であれば戦えるけれども、二国を相手にしてはとても戦えない。

たとえば、いま、井上成美の話に出た南部仏印進駐にしても、日本とすれば、フランス領インドシナの現地政権と交渉のうえの「進駐」だからと考えて、まさか南部仏印進駐を理由にアメリカが在米日本資産凍結や対日石油禁輸などをやってくるとは考えていなかったのですね。この時のアメリカの行動については、ハインリックス教授というアメリカの学者の研究があります。アメリカは、とにかく、この時点でちょうど、ドイツとの死闘を繰り広げていたソ連を支援するためならば、どんなことでもやりました。この時ソ連はドイツに負けそうだったのです。ソ連が十月まで耐え切れれば、冬将軍という味方がついて、ドイツもそう簡単に勝てなくなる。だからアメリカは日本に対して強い態度に出た。つまりアメリカの対日措置は、日本を南に牽制しておいて北に向かわせないこと、ソ連がドイツ戦に集中できるようにすること、そのための決断だったのですね。

逆に言えば、ソ連がドイツとの戦争に圧倒的に勝利すれば、アメリカは第二次世界大戦に参戦しないで「高見の見物」に留まった可能性もあります。そしてアメリカが加わらない以上、日本も第二次世界大戦に加わらない可能性もあったということです。日米交渉において、三カ月の引き延ばしを意味する暫定《ざんてい》協定案を破棄して、日本には受け入れ難いハル・ノートを突きつけて開戦を誘ったのは、アメリカ側の陰謀だという説もありますが、どうなのでしょう。私はアメリカとしては、この時点では、ソ連や中国などを離脱させまいとしたのではないかと思います。

半藤　真相は分かりません。でも、史料を見てきた直感としては、そうまでして日本を戦争に引きこもうとは思っていなかったように感じます。ただアメリカ政府の上層部がどう考えていたのかとは別に、アメリカ海軍そのものは日本と戦争をしたくて仕方がなかったのは間違いないでしょうね。これが軍人の困ったところですが。

天皇と和平への道

半藤　次に、「日本はなぜ戦争を終わらせられなかったのか」に入りたいと思いますが、「開戦」の時と同じように、昭和天皇のお考えを分析するところから入るのはどうでしょうか。

加藤　そうしましょう。開戦時に孤独だった昭和天皇は、終戦時にはさらなる孤独に見舞われますね。

半藤　まず昭和天皇は、いつ「この戦争を止めなきゃいかん」と決意されたか。これも私の仮説ですが、昭和二十年の六月八日に御前会議がありまして、「最後の一兵まで徹底抗戦」と決めますね。ところが、昭和天皇は、その決定が不満で仕方がない。

その翌日に、満洲に視察に行っていた梅津美治郎《よしじろう》参謀総長が帰ってきて、「満洲は兵隊を全部南方に抜かれていて、米国の八個師団ほどの戦力で、せいぜい一回決戦をやるくらいの力しかありません」と、それまで嘘の報告ばかりしていたのに、何を考えたか正直に言う。さらに十二日には、天皇の特命を受けて、日本内地の海軍基地を視察して歩いた長谷川清《はせがわきよし》海軍大将から、「到底本土決戦などできません。戦争継続能力は日に日に失われつつあります」という報告も上がってくる。

そして十四日の午前に、昭和天皇は貞明《ていめい》皇太后に会いに行くのです。そこで何をお話しになったのか。これは史料など出てくるはずがない。でも想像するに、「本土決戦をするので、軽井沢に疎開をしていただきたい」とお願いにあがったのですね。すると貞明皇太后は、「こんな日本にして何を言うか」と叱り飛ばした。そして「私はここで死ぬ」と言う。天皇は帰ってきて、その日の午後から倒れるのです。十五日は、一日中、病床にあって出てこない。陸海の侍従武官たちの日記にそう書いてある。「聖上昨日から御不例に渡らせらる」とね。一度丁寧に調べたことがあるのですが、天皇陛下は戦争が始まってから、表御座所《おもてござしょ》に出てこない日は一日もないのです。風邪をひいても出てきていた。東条英機《とうじょうひでき》なんか体調崩してのべつ休んでいますよ。その一日も休んだことがない天皇が、初めて休むのです。

その翌十六日、木戸幸一内大臣を呼んで、「このまま続けていたのでは民族は滅びてしまうから、和平も考えなくてはならないのではないか」と、初めて天皇の口から「和平」という言葉が出てくる。それを受けて鈴木貫太郎内閣が、「じつはソ連に和平を頼もうという構想がありますから、その方向で動きます」と言って、終戦へ動き出すんですよ。

加藤　私がいつも考えるのは、なぜ六月よりもう少し早く和平へ舵《かじ》を切れなかったのか、です。一年早く着手されているべきですね。冒頭でバチカンの話を紹介しましたが、このエピソードは昭和天皇が、今度の戦争が「第二次世界大戦」という形で始まっていることの意味を自覚していた証拠だと思います。第一次大戦は、総力戦が長期に続いた挙句、ドイツの急速な敗北で終わりました。第二次大戦も、穏やかに戦争を終えることなど不可能だとの予測があった。だからこそ、奥の手として、バチカンまで考えていたと思うのです。

半藤　実際にバチカンに原田健という駐バチカン公使がいますからね。

加藤　そうなんです。ですから六月から和平に動き出したという動きをよしとする人も多いと思いますが、開戦時にそこまで考えていたのなら、サイパン陥落後、東条内閣崩壊のあと、なぜすぐに東久邇宮《ひがしくにのみや》内閣につながらなかったのか。沖縄戦、広島・長崎への原爆投下を考えると、なぜ二十年八月まで引っ張ってしまったのか。南原《なんばら》繁さんや高木八尺《やさか》さんなど東京帝国大学の七教授を通じた、アメリカを相手とする降伏案も極秘裏に構想されていたのですが。

昭和天皇は、ソ連を通じた和平を本当に可能だと考えていたのでしょうか。またアメリカを通じた和平を見据えていたのか、あるいは無条件降伏するまで絶対止まないという絶望を見ていたのか、私は知りたいですね。

半藤　今度映画になりました『日本のいちばん長い夏』（半藤一利）の中に、内閣書記官長の迫水久常《さこみずひさつね》が、「ポツダム宣言は寝耳に水だった。ソ連仲介による和平工作を一所懸命やっていたのに」と言う場面があるんですね。さらに、「なぜソ連仲介なんて馬鹿なことを考えたのか」と聞かれた迫水は、「他に頼るところがなかった」と言う。私は、ソ連仲介の和平は、話としてはそれ以前からあったのですが、姻戚《いんせき》関係にあった岡田啓介元首相、迫水久常、瀬島《せじま》龍三たちが密かに画策し具体化したと思っています。なぜかというと、瀬島が昭和十九年の十二月末に、名前を変えて背広に着替えて、外交伝書使《クーリエ》としてモスクワへ行っている。開戦以来、参謀本部の作戦課にいた男が、なぜ急に伝書使など本来は外務省の役人がする仕事をしたのか。私は、ソ連に和平を頼むための下調査として行ったと思っています。

加藤　私もそうだと思いますね。ただ瀬島さんは死ぬまでそのことについては話されませんでしたね。

半藤　ええ、瀬島さんに会った時に、なんべんも聞いたんですが、結局一言も話してくれませんでした。ただ証拠が一つだけあるのです。瀬島龍三がシベリアに行く時、新京《しんきょう》にあった関東軍司令部で休憩を取ったのですが、同じ飛行機に乗っていた新任の連隊長が言うには、関東軍が「瀬島中佐の対ソ工作の征途を祝す」という旗を掲げた大激励会をその夜にやったそうなんです。そして二月に彼が帰ってきてから、急にソ連仲介の和平工作が具体化する。

加藤 この仲介交渉では、関東軍六十万の将兵を労働力として提供する、日本周辺の海峡の譲渡などの条件が提示された、との説もありますね。広田弘毅《こうき》＝マリク（駐日ソ連大使）会談以外にもルートがあったのでしょう。海軍は南進策ということで、ソ連とは昭和の戦前期、一貫して良好な関係を築いています。ソ連側が単に不誠実に時間を稼いでいたというのも一面的で、今後、必ず米ソ対決時代が訪れる、その時アメリカと対抗するためには、日本周辺のすべての海峡を自由に航行できたほうが得策だ、日本に宣戦布告して侵攻するより得策だ、との考えを持っていたソ連外交官もいた。ロシア側の史料が公開される日が将来あれば、この交渉に虚しさ以外の要素が出てくるかもしれないと思います。

半藤 私はどこまで行ってもソ連仲介策は愚策中の愚策だと思いますけどね。近衛文麿を特使としてソ連に送ろうとした時にも、「こんなにあげちゃうの」というほど条件をリストにして出していますよ。でもソ連からは会談すら拒絶されます。当たり前です。スターリンはわざわざもらわなくても、自らの力で「獲《と》る」と言っているのですから。どう考えても無理筋だったと思います。

先ほど加藤さんが少し触れましたが、日本が戦争を終わらせることができなかった理由の一つには、ルーズベルトの無条件降伏政策もありますね。戦争が始まる前からルーズベルトは、「今度の戦争は、無条件降伏以外に、一切の講和は認めない」と誇称しています。チャーチルが、「それでは戦争が終わらない。戦争は始めるのは簡単だけど、終えるのは大変なんだから、そんなことは言わないほうがいい」と止めても駄目だった。

また日本人は真面目ですからね。「無条件降伏以外では戦争を終われない」と本当に思ってしまったようです。ルーズベルトは一九四五（昭和二十）年の四月十三日（日本時間）に死にますが、次のトルーマンもまた無条件降伏政策。日本としてはガクッと来たようですね。

その後、駐日アメリカ大使だったグルーが帰国して国務次官となり、「日本人は条件さえ整えば降服する」とトルーマンに進言するんです。さらに、ルース・ベネディクト、ドナルド・キーン、サイデンステッカーといった多くの日本研究者に聞くと、「日本の歴史を見ると、最後の一兵まで戦って全滅した戦なんかしたためしがない。みんな城主が腹を切って開城している」と言う。それでトルーマンも無条件降伏政策を少しだけゆるめてくるのですが、もうその頃には間に合わない。

加藤　そうなんですよね。日本人は第一次大戦では総力戦を体験しませんでした。また、兵農分離以来の記憶がある。戦うのは武士、負けて責任を取るのも武士、すなわち軍人なのだ、と。特高警察などの調書には、負けても農民は奴隷になどされないから、早く負けたほうがよい、などといった庶民の落書きが収録されています。宮内省への投書もあったようですね。

また、NHKで良質のドキュメンタリーを作り、いまは作家となった中田整一さんが『トレイシー　日本兵捕虜秘密尋問所』であきらかにしていますが、日本兵は捕虜になれば苛酷な処罰が待っていると信じている、そこで寛大な措置をとれば、感激して種々の情報を提供し始めると、アメリカ側は知っていた。日本国民はいったん降伏すれば、急速に変化しうるとアメリカも確信を持っていたのでしょうね。

半藤　そして、最後の最後の破局の直前で、昭和天皇は「一人でも多く国民の命を残さないと、この国は復興できない」というギリギリの判断をしたと思います。とにかく日本人をこれ以上死なせたくはないと。それだけの思いで終戦に踏み切った。阿南《あなみ》惟幾《これちか》陸軍大臣などは、もう少しゆるく条件つきの講和を考えていて、無条件降伏をしては、天皇陛下が裁判にかけられることになり、死刑になる、そのことは避けたいとのみ考えていたのですが。

結局、今日のテーマに戻って、では「どういう意思決定によって戦争を止めたのか」という問いに、敢えて答えを出すならば、これ以上やったら国がなくなると思ったから。実際はそれしかなかったと思います。

民草を信用しない国

半藤 あれは忘れもしません。「鬼畜米英」という言葉が言われ始めたのは、昭和十九年の八月からなんです。アメリカの雑誌〝LIFE〟に、日本人の戦死者のしゃれこうべを前にしている婦人の写真が載ったのです。雑誌としてはそのことを称揚したかったわけではなくて、「こんなことしちゃいかん」という意味で載せたらしいんですが、日本の新聞はそれを逆にとって、「こんなひどいことをするのは鬼畜に等しい」と大々的に書いたんですね。それから鬼畜米英の大合唱がはじまったのです。私が中学生の頃でした。
そして、学校では、「戦争に負けたらおまえたち男は奴隷として南の島かカリフォルニアに連れていかれて一生働かされるんだ」、「女の人はみんなアメリカ人の妾《めかけ》になって一生奉仕するんだ」なんて教えられるようになりました。バカみたいな話です。

ではなぜ、軍も情報局も必死にこんな情報操作をしていたのか。それは厭戦《えんせん》気分・反戦気分が、まだ本土空襲も始まっていない昭和十九年春頃から、ものすごく充満していたからなんですね。

加藤　いまのお話を聞いて思いつきましたが、先ほどの、日本人は総力戦なんて経験がなかったという話と「戦争が止められなくなった」というのは、根底でつながっている気がするのです。

「鬼畜米英」の流行語化のように、厭戦気分があれば、嘘の情報を流してでも気分を高揚させようとする。戦況が思わしくない時には、敵が放棄した小さな揚陸艇《ようりくてい》を手に入れたのでも、敵の艦艇を一隻沈めたとの戦果水増しがなされる。南方で兵士たちが実際は戦闘を交えることなく餓死しても、勇ましく戦って死んだことにする。

こうした事例を見ても、やはり日本は民草《たみくさ》を信用しない国なのだなと思います。だから本当のところで総力戦ができない。民主主義国イギリスが、なぜ打たれ強かったかというと、とにかく国民を信用したからだと思います。バトル・オブ・ブリテンという有名な戦いがありますね。一九四〇（昭和十五）年の七月から十月、ドイツ空軍の執拗な空襲を首の皮一枚で退《しりぞ》けるわけです。その時イギリス人は何をしたか。自分たちは弱い、ものすごい危機にある、と徹底して言うわけですね。そのうえでこの苦難を乗り越えようという話をする。この姿勢はやっぱり強い。

話が飛ぶようで恐縮ですが、一九三〇年代という時代は、これまで政治が相手にしてこなかった農村部や女性団体に、国家が手を突っこんで組織化した時期です。農村や都市に国防婦人会の支部が出来、出征兵士の見送りや、鉄道で移動する兵士たちへの駅での茶の提供のために割烹着《かっぽうぎ》を着て出かける。誰でも、国に奉仕することでは、上流婦人と変わらないという満足感が得られるわけですね。こうした高揚感は、これまで組織されてこなかった国民の部分であるだけに、ものすごく高いものがある。後に国防婦人会は大日本婦人会となって、配給や国債を購入する際の運動を末端で担っていきます。生活がすっぽりこの機構、まさにマシーンとも言うべき動員の装置に包まれてしまいます。

東大総長となった南原繁が戦後述べた感慨の中で、戦前の教育は、上層のほんの一割に真実を教え、現実に起こっている問題について考える力を与えていた、しかし、残り九割の国民に満足な教育を与えてこなかった、そこに日本の敗因がある、という部分があります。

この言葉は深いですね。多くの国民が、戦争の、創造的な側面に惹《ひ》きつけられて活性化している中で、どのように、戦争への道を再考する手立てがあったのか。普通の人々の、それ自体は完全な善意の意志に、いかにはじき飛ばされないようにするか。
これは、「戦争の教訓」として忘れたくないですね。

栗林忠道と硫黄島

梯久美子

&

半藤一利

梯久美子（かけはし・くみこ）
昭和三十六年、熊本県生まれ。ノンフィクション作家。著書に『散るぞ悲しき―硫黄島総指揮官・栗林忠道』（大宅壮一ノンフィクション賞）、『昭和の遺書―55人の魂の記録』、『昭和二十年夏、僕は兵士だった』、『百年の手紙―日本人が遺したことば』、『狂うひと―「死の棘」の妻・島尾ミホ』（読売文学賞、芸術選奨文部科学大臣賞）ほかがある。

栗林忠道のいた壕で

半藤　クリント・イーストウッド監督の映画（『父親たちの星条旗』『硫黄島《いおうじま》からの手紙』）の話からいきますか。二本とも、太平洋戦争末期に日米両軍が激突、日本軍約二万一千人、米軍約三万人、合わせて五万人ほどの死傷者を出した硫黄島の戦いが舞台です。『硫黄島からの手紙』のほうは、梯さんの『散るぞ悲しき――硫黄島総指揮官・栗林《くりばやし》忠道《ただみち》』（新潮社）が原作というわけじゃないけれど……。

梯　もしも原作だったら、いまごろ億万長者です（笑）。

半藤　映画を見て、どうでしたか？

梯　多くの方がおっしゃっていたとおり、この時期にアメリカ人の監督が日米両方の視点から硫黄島を描いたことは意味があると思いました。ただ、かなり現代の感覚で描いている部分があるな、とも。

半藤　僕も両方見て、よくあんな反戦映画を作ったなと思ったし、日米の描き方が公平なことに感心しました。ただ細かく見ると、えっ!?　と思うことが多すぎる。たとえば、栗林中将が硫黄島に赴任する。その時に乗ってくるのがアメリカの飛行機。あと最高指揮官である栗林さんが参謀懸章をつっていて、参謀たちはつっていない。

梯　参謀懸章のことは、他の方も指摘されていましたね。栗林さんが参謀懸章をつけた写真が残っているので、映画をつくった方がそれを参考にしたのでしょうけど。

半藤　戦地で軍服にキンキラの勲章をブラ下げているのも……。

梯　ありえないんですね。

半藤　戦場では、戦闘服ですから。それから、硫黄島に後方勤務要員養成所を出た兵隊が派遣されてきますが、それをみんな「憲兵だ」と呼ぶのです。後方勤務要員養成所というのは中野学校のことで、そこを出た人は秘密戦要員、一種のゲリラ活動をやるスパイなんですが。

梯　スパイじゃないかというニュアンスは映画にもありましたけど、でも、「憲兵」と呼んでいましたね。

半藤　それと体罰。ほんとは陸軍はビンタ、海軍は鉄拳なんです。でも、あの映画では、陸軍も鉄拳。それから兵隊は命令を復唱する義務があるのだけど、あの軍隊は日本の軍隊にしては珍しい、聞きっ放しの軍隊で……と切りないんですが、もう一つだけ、硫黄島の読み方は、当時は「イオウトウ」ですよね。

梯　映画の中では、全部「イオウジマ」になっていましたね。

半藤　あれはアメリカの映画だし、米軍はイオウジマと呼んでいたからそれでもいいのですが、栗林さんが聞いていた日本のラジオからも「イオウジマ、イオウジマ」って。

梯　当時のラジオだと、それはおかしいんですね。じつは私の本では「イオウジマ」とルビを振っています。迷ったのですけれど、戦後、硫黄島がアメリカから返還された時、米軍のイオウジマベースを自衛隊がイオウジマ基地の名で引き継いだ関係か、いまは正式名称もイオウジマになっているものですから。*

半藤　それにしても、時ならぬ硫黄島ブームですが、梯さんが本を書かれたきっかけはなんだったんですか。

梯　じつは以前、作家の丸山健二さんにインタビューでお会いした時、「梯さんのような人が栗林中将を書くとおもしろいんじゃないか」と言われたのです。丸山さんは栗林さんと同じ長野県の出身で、日本の軍人にはなかなかいない、合理的な考え方をする指揮官として興味をもっていたそうです。

私は戦記物も読まず、戦争映画も見ない人間でしたが、そう言っていただいたので栗林さんに関する本を何冊か読んでみました。栗林さんは、硫黄島に着任した昭和十九年六月から米軍が上陸する翌年二月までに四十一通の手紙を家族に送っています。そのうち六月二十五日の手紙がある本に載っていて、

「家の整理は大概つけて来た事と思いますが、お勝手の下から吹き上げる風を防ぐ措置をしてきたかったのが残念です」

という部分に興味をもったのです。お勝手の隙間風を気にするなんて「偉い軍人」のイメージとはずいぶん違う、現代の私たちの感覚に近いと。その後、栗林さんのご子息をお訪ねして、手紙をすべて見せていただきました。実物を手にとることができたのは大きかったですね。

半藤 本物に触ると違うんですよね。

梯 はい、それで調べてみることにしたのですが、なにしろ昭和史、太平洋戦争、軍人や軍隊、どれをとってもまったく無知で。それに戦争にも硫黄島にも縁のない人間が、二万人もの日本人が亡くなった戦いの話を書いていいのかという迷いもありました。でも、書く前に、硫黄島に行くことができたのです。島にはまだ一万三千柱もの遺骨が残されていて、どこを踏んでも足の下には必ず骨がある。そういう場所を歩いてみて、少しご縁が出来たように思いました。

じつはその時、栗林さんが一カ月こもっていた司令部壕にも行けたのです。普通なかなか入れないそうなんですけど。

半藤 それは運がいいというか、やっぱり「書け」ということでしょうね。

梯　壕の中は六畳ほどの寝室と執務室が連なっていて、奥に会議室のような大きな部屋がありました。

中に入った時は、どこよりも栗林さんの近くに来たという気がしました。その時、この島はたしかに栗林さんが死んだ場所だけれども、同時にもっとも自分らしく生きた場所だったと感じたのです。そうか、私は二万人が死んだ話ではなく、二万人がここで生きた話を書けばいいのだと。

半藤　なるほど。それにしても、二万人のうち、一万三千人の遺骨が埋まっているということは、三分の二が戻っていないわけですね。太平洋戦争の日本人戦死者は、軍属も含めて二百二十万とも、二百四十万とも言われているのですが、遺骨が戻ったのは全体の半分ちょっとなんです。硫黄島はさらに少ない。

梯　硫黄島では多くの人が地下壕で亡くなっているので、遺骨の収集が難しいんですね。壕内はいま酸素が薄かったり、壁が脆《もろ》くなっていたりで、人が入るのが危険な状態です。すぐそこに遺骨が見えているのに取りに行けず、涙ながらにあきらめたという ご遺族もいらっしゃいます。遺骨収拾の方は皆さん、ボランティアで。

半藤　国家は関知しないんですよね。**

見捨てられた島

半藤　「文藝春秋」平成十九年二月号で、梯さんの「栗林中将　衝撃の最期」という記事を読みました。栗林さんの最期については、一カ月以上の戦闘の末、残った部下を率いて敵陣に突撃、重傷を負って自決したと言われていますけど、それとはべつに、敵が上陸してからはノイローゼ状態で指揮なんかろくに執《と》れなかった、最後は白旗を掲げて降伏交渉をし、参謀に軍刀で首をはねられたという説もあるんですよね。梯さんの記事は、ノイローゼ説は信憑性に欠けるというものですが、その説は本を書かれる前からご存じでしたか。

梯　噂のような形で耳にしたことはあるのです。それで、生還者や研究者の方たちに聞いて回ったのですが、皆さん、取るに足りない、ただの噂話だと言う。信頼できる文献の中にもその話は出てきませんでした。それが最近になって、旧防衛庁の内部資料が出所だという話がある雑誌に載って、驚きまして。これはきちんと検証してみようと思い、その内部資料を入手して調べたのですが、やはり信ずるに足りないという結論に達しました。

半藤　僕は前に、その資料の中でノイローゼ説を主張している元硫黄島参謀の堀江芳孝さんに会っているんです。しかし彼のその話は信用できないなと僕は思いました。硫黄島の戦闘が始まった時、堀江さんは父島にいた。栗林さんの最期については、硫黄島にいた参謀と無線電話で話して知ったと言うけど、そんなはずはない。

梯　戦闘が始まってからは、硫黄島と父島の無線電話は通じなかったんですよね。堀江さんは硫黄島戦が始まる前、「米軍が上陸する前に父島に戻ってください」と何度も栗林さんに通信しているのです。硫黄島はきっと落ちる、父島なら安全だし、水も食べ物もあるからと。でも、栗林さんは、硫黄島から動かなかった。

半藤　小笠原《おがさわら》兵団の本拠地は父島だから、総指揮官である栗林さんは、本当は父島にいてよかったんです。でも、当時の硫黄島は日本の本土防衛にとって極めて重要で。

梯　はい、マリアナ諸島から日本本土へB29を飛ばそうとする米軍にとって、滑走路が三つもある硫黄島は、まさに太平洋の不沈空母でした。

半藤　栗林さんは、その重要な場所を守るため、自ら戦いの最前線へ赴《おもむ》いた。ところが、その硫黄島を大本営は見捨てるわけです。

梯　昭和二十年二月六日に策定された「航空作戦ニ関スル陸海軍中央協定研究（案）」に「結局は敵手に委《ゆだ》ねるもやむなし」という一節があります。これを読んだ時は、驚きました。たしかにあの頃は決戦に備えて、本土に近い沖縄を守るほうがはるかに重要になっていた。それは分かるのですが、米軍が上陸してくる前からこんなふうに決めていたのか、と。

半藤 正式決定はその頃でしょうが、見捨てる決断はもっと早かったという説があるのです。

梯 硫黄島を含む小笠原諸島は、絶対国防圏の内側だったにもかかわらず……。

半藤 米軍が硫黄島を攻めてきたら、海と空から特攻部隊も全部送って一気に叩こうというのが日本の決戦構想です。いま考えると無理なのだけど、あの時はそう思っていた。ところが、いまから五、六年前、大本営で硫黄島作戦を担当していた参謀の朝《あさ》枝《えだ》繁春さんに聞いた話では、昭和十九年冬の初めの時点ですでに「硫黄島を見捨てる可能性もある」ということになったと言うんです。しかも朝枝さんは、それを栗林さんに伝えたと。

梯 それはいつ頃の話ですか。

半藤 十九年の十一月と言っていました。じゃ、栗林さんは知っていたのかと朝枝さんに念を押すと、朝枝さんは「知っていたと思う」と。

ですから、僕はずっと栗林さんという人は剛毅な方だ、大本営に見捨てられたことを承知で最後の一兵まで戦う作戦を立てたのか、と思っていたのです。でも、今度梯さんの本を読んで、自分でも栗林さんの手紙をまとめた本にかかわって思ったのは……栗林さんは知らなかったね、大本営に見放されたことを。

梯　ええ、おそらく……。

半藤　知らなかった、と思えるんです。栗林さんは、自分はここで最後の決戦をする、たぶん生きては帰れないということを何度も手紙に書いていますけど、同時に「いざという時は、日本本土から必ず大本営が全力を挙げてやってくる」というようなこともずっと書きつづっていた。それを読むかぎり、最後まで大本営を信じていたと思えるのです。

梯　さっきの二月六日の発表も、栗林さんは知らないですね。

半藤　あれは知りませんよね。

梯　ここはとても興味深いですね。昭和二十年一月に、硫黄島の大隊長だった藤原環《ふじわらたまき》さんという方が、陸軍大学進学のため硫黄島から東京に戻っているのです。この方の回想録にも、その時栗林さんから「大本営は全力で硫黄島を守ると言っているから、東京よりここにいたほうが安全じゃないか」と言って止められたという話が出ています。

栗林さんは、昭和十九年の秋以降も、自分の作戦思想と相入れない将校を更迭《こうてつ》して新しい人を呼んでいますし、最後までセメントや弾丸を送るよう大本営に要求しています。大本営も途中までかなり要求に応えるのですが、もちろん一〇〇パーセントではない。栗林さんはそれに不満を述べていますが、要求をしたり、不満を言ったりということは、信じていることの裏返しでもありますよね。ただ、大本営は本当のところどう思っていたのか。

半藤 大本営は方針を変えたことを悟られないために、できるだけ要求に応えたんじゃないですか。悟られたら士気が下がるから。そんなことをしても無駄だけど、あえてやるところが軍隊という組織の非情さです。昭和十九年の十月下旬には日本はレイテ沖海戦で負け、アメリカが次に沖縄か台湾を狙うのは目に見えていた。だから、その頃、大本営の中で硫黄島をどうするかという議論はあったと思います。

梯 でも、いつ、誰が、見捨てる決断をしたかは……。

半藤 それははっきりしませんね。あるいは、これから隠されていた史料が出てくるかもしれませんが、いまのところは……。

軍人という論理

梯 米軍上陸後、日本軍はどんどん追い詰められていきます。さっき剛毅とおっしゃいましたけど、栗林さんはそこで全員が死ぬと分かっていながら、最後まで力のかぎり戦って島を守ることを部下たちに要求しました。当時日本軍がやっていた「バンザイ突撃」も禁じ、とにかく一日でも長く生きて戦え、と。これは見方によると、いちばん苦しい死に方を部下に要求したわけで、命じるほうにも相当勇気がいったと思うんです。やはり最終的にそのことに意味があると思えなければ、あそこまで頑張れなかったのではないかと。

半藤　あの頑張りは酷なんですよね。

梯　そこは、戦後に育った私たちには理解しにくいところです。残された手紙や証言を見ると、栗林さんは家族を心から愛するよき夫であり、父だった。しかも、非常に部下思いの人だったことも間違いありません。そういう人が、自分の愛する部下たちにもっとも過酷な死を要求した。そして部下もそれにしたがった。私はそこに、軍人とは何かを考えるヒントがあるように思うのです。

最初に自分は戦争に縁がないと言いましたけど、じつは私の父は陸軍少年飛行兵学校を出ているんです。卒業した時は十七歳、二期上の人までは特攻に行ったと言います。私は自分の親が軍人になろうとしたことが理解できなくて、軍人とは何かという問いが、ずっと自分の中にあったんですけれど。

半藤　よく言いますよね、「兵隊の値段は一銭五厘《せんりん》」と。「一銭五厘」とは召集令状のハガキの値段です。上に立つ軍人とは、人の命を一銭五厘と思わなきゃいけない人たちなのです。そうでないと、上に立つ人は命令できない。自分が責任の取れないことを命令しちゃいかんというのが軍人の鉄則ですから。もちろん、そんな軍人ばかりじゃなかったけど、基本的に軍人とはそういうものなのです。

もう一つ言うと、軍人というのは生より死に価値を与える人たちですね。死を価値あらしめるために、最大限の努力を捧げる人たちです。

梯　自分の部下に対して、勇ましく突撃して潔く散る、いわゆる「玉砕《ぎょくさい》」への道を用意するか、どんなに苦しんでも、ギリギリまで国のために戦って果てることを選ばせるか。栗林さんは、後者のほうが本人にとって本望《ほんもう》だと考えたのですね。

半藤　そう思います。そのほうが名誉ある死だと思ったのでしょう。部下に無駄な、犬死だけはさせたくない。

梯　硫黄島の兵士には職業軍人ではない人が多かった。もちろん反発した人もいたでしょうけど、そうした普通の人たちが、自分たちがここを一日でも長く守れば、その間、本土が空襲を受けなくてすむという栗林さんの考え方を理解して、それに応えようとした。硫黄島というのは、そういう戦場だったように思います。

半藤　硫黄島だけじゃないですね。戦前の日本人はそうだった。それは、忠君愛国という教育がいかに人間を変えるかなのです。
アメリカの軍人がよく「日本軍は強かった」と言ったと言いますが、強かったのは下士官や兵隊で、その上の中隊長、大隊長クラスはまあまあ、さらにその上の連隊長、師団長、参謀クラスになると、ぜんぜんなっていなかったと言います。ましてや戦場遠く離れた東京の、参謀本部の机の前にいた連中においてをや。日本の軍隊でも、一番下の兵隊さんたちは本当によく戦った。だから、その人たちを大切にした栗林さんが、彼らに価値ある死を与えるのになにも臆《おく》するところはなかったのじゃないですか。
梯　私たちの世代はつい現代の目で見てしまうのですが、それではあの時代の戦争や軍人のあり方は分からないんですね。たった六十年前の日本に、いまとはまったく違う論理があったことを学びました。

極限状態の中の人間

梯　栗林さんは戦いの最前線で部下と運命をともにしますけれど、栗林さんが硫黄島にいることをアメリカ軍が知ったのは戦闘開始から十日以上も経った頃、日本がそのことをラジオで発表した三月一日だったようです。それまでは、小笠原兵団の最高指揮官は、当然、父島にいると思っていた。

半藤　硫黄島に上陸する前、米国上陸部隊司令官のスミス中将が「作戦は五日で完了する」と言ったのも、どうせあんなひどい島にろくなやつはいないと思ったのですよね。

梯　硫黄島の戦いは日本よりアメリカで有名なんですね。米軍が上陸した頃のニューヨーク・タイムズを調べると、戦闘経過が毎日こと細かに報道され、迫力のある写真や詳しい地図も載っている。ラジオ局が硫黄島の浜辺から中継までしています。だから、アメリカ国民は硫黄島の戦いについて当時からとてもよく知っていたのです。

半藤　そうか、じゃ、イーストウッド監督は、日本人もよく知っていると思ったんじゃないですか。あの映画は、硫黄島の地形も戦闘経過も、説明不足で分かりにくいでしょう。

梯　そうですね。どれだけの規模の地下壕を掘ったのかとか、米軍にどのくらい損害を与えたのかとか。

半藤　そんなこと、日本人は分かっていると思ったのですよ。ほんとは分かってないんだけど。

梯　じつは私の本が出来た時アメリカにいる二人の友人に送ったら、両方から「いま戦時下にあるアメリカ人に読ませたい」という返事が来たんです。考えてみれば、アメリカ人はいまイラク戦争の戦時下という認識なのですね。だから、あの映画はアメリカ人にとって、現在進行形の現実を映している鏡でもあるのです。

一方で私の世代の日本人にとっては、硫黄島を知ることは近い過去の発見だと思うのです。戦後生まれの私たちは、あの戦争はただ悲惨で愚かしいものだったと片付けがちですけど、私が栗林という人を通して過去に目を向けたように、何か突破口があれば、戦争を知らない世代もフラットな目で歴史を見直せる気がします。軍人はすべて悪、というような教育を受けてきたので、高位の軍人を讃えるような本を書いていいのか迷ったのですが。

半藤　いいんですよ。軍人、それも敗戦の時の軍人がどう振る舞ったかを調べると、日本人とは何かが分かります。極限状態で人間性が出るから。だから、梯さんもいいテーマを見つけたと思いますが、ただ、硫黄島の戦いは悲惨ではあるけど、立派で潔くて日本人好み。他の戦場を調べると、日本人って嫌だなというところが必ず出てくるのです。

硫黄島については、日本軍があそこであんなに頑張ったばかりに、本土に原爆を落とされたと言う人もいるんですよね。あの大奮闘がなければ、原爆であんなに死なずにすんだと。

梯 原爆で亡くなった方の遺族の気持ちを考えれば、それも分かります。前に、硫黄島でご主人を亡くした方が、「主人は二月十九日に死んだと思って、命日もその日にしています」とおっしゃったのです。この日は、米軍が上陸した日なんですね。戦闘の悲惨さを考えたら、米軍の上陸後すぐに亡くなったと思いたい。家族の思いと戦った人の論理は違うのですね。

半藤 それは違いますよね。僕なんか硫黄島と聞くと、すぐ大本営のバカって思っちゃうんだけど。

梯 粘り抜いてアメリカに打撃を与えたことが原爆投下につながったという説は、辛いですね。同時に、あの島がたどった運命の皮肉さと複雑さに粛然とさせられます。

＊その後の平成十九年六月、小笠原村からの要望を受けた国土地理院によって、硫黄島の呼称は戦中までの「いおうとう」に戻された。

＊＊平成二十五年度より、遺骨調査および遺骨収集は、民間団体の協力のもと、国（厚生労働省）が主体となって行われるようになった。その後、平成二十八年に戦没者遺骨収集推進法が施行され、厚労省の監督下で指定法人が実施している。

（構成・倉田波）

撤退と組織

野中郁次郎

&

半藤一利

野中郁次郎（のなか・いくじろう）
昭和十年、東京生まれ。一橋大学名誉教授・早稲田大学特命教授。著書に『知識創造の経営―日本企業のエピステモロジー』、『アメリカ海兵隊―非営利型組織の自己革新』、『組織と市場―組織の環境適合理論』、『企業進化論―情報創造のマネジメント』、『失敗の本質―日本軍の組織論的研究』（共著）、『知識創造企業』（共著）、『戦略の本質』（共著）、『戦略論の名著―孫子、マキアヴェリから現代まで』（編著）ほかがある。

組織の中の二つの知

野中　本日は「撤退の本質」ということについて、存分に話し合うことができればと思っております。

半藤　「撤退」ということで、すぐに思い浮かぶのは、昭和十八年二月の「ガダルカナル島の撤退」と同年七月の「キスカ島の撤退」です。日本が太平洋戦争で成功した撤退というのは、この二つだけじゃないでしょうか。あとの島嶼《とうしょ》の戦いは玉砕という形をとった。

ガダルカナルの撤退は連合艦隊司令長官、山本五十六《やまもといそろく》が駆逐艦二十隻を投入して全部潰《つぶ》してもかまわないからやる、ということで一気に敢行した。アメリカ軍のほうは撤退と思わず、補給と思っていたのであっけにとられたというくらいの見事な作戦でした。

もう一つのキスカ島の撤退は、幸運が半分以上だと思いますが、木村昌福《きむらまさとみ》という指揮官が第一回は自分で判断してキスカ島へ行かず帰ってしまったのですね。キスカ島への突入は七月十一日と決められていて、キスカ島近海まで行ったけれども、霧がなく、状況的に不利で、これはダメだと、知らん顔して根拠地に帰ってしまった。

正直に言いますとこれはとんでもない命令違反です。ですから根拠地に帰ってからは完全に腰抜け呼ばわりされましてね。「髭だけは立派にはやしてなんだ、アレは」と。それでもご本人は悠々と釣りをして、「確信のできないことはやらん、また行けばいい」とあっさり言ったそうです。これが成功しちゃったんですね。二度目の二十九日に行った時には霧を利して一気に入っていって撤退に成功した。

キスカ島の場合は半分は僥倖《ぎょうこう》があるのですが、両方に共通するのは、指揮官の決断があっての成功ということです。片方は最高指揮官、もう片方は現場の指揮官ですが、自分の判断で行った最高の決断でした。

他は野中さんが『失敗の本質――日本軍の組織論的研究』（中央公論社）でお書きになっているように、日本の軍隊は集団主義ですから。あっちの顔を見たり、こっちの顔を見たりして優柔不断になりやすいので成功しない。撤退そのものが日本人は不得手のようです。

野中　私は経営学の組織論という分野を専門としている者ですが、方法としては知識創造というコンセプトで組織を切ろう、ということでやっております。

で、知には二つのタイプがあります。まず論理的で分析的な「形式知」。デカルトを典型とした西洋型の知ですね。一方、言語やドキュメントで表現するのが困難な、

「暗黙知」というものがある。直観、ノウハウ、クラフトみたいな経験知で、長嶋監督のような方が典型です。

私どもは、組織としての日本陸海軍を研究して『失敗の本質』を書きましたが、書いているうちにアメリカ軍は極めて論理分析を大切にするが、日本軍は暗黙知型である、とつくづく思い知らされました。

知を生み出すには形式知と暗黙知が循環することが大切なんです。経験知も大事だが、それをきちっと言語化、概念化することによって反省が起こる。反省が起これば自分の経験知も豊かになるはずなのです。ところが、日本軍を見ていますと、論理的、分析的な人物が中心にいなくて、声が大きいとか、一見度胸がいいとか、直観型の人が重視される傾向にあって、組織の中で知を生み出す対話が起こらないということを強く感じました。

『ノモンハンの夏』（半藤一利著）を読みまして、ノモンハン事件を引き起こした関東軍作戦参謀の辻政信《つじまさのぶ》は、本当のエリートだったのだろうか、とあらためて思いました。彼は極めて頭のいい人物でしたが、本当の意味で対話のできる知的なリーダーではなかった……。

半藤　辻政信だけでなく、この場合は同じく作戦参謀だった服部卓四郎《はっとりたくしろう》とのコンビを考えたほうがいいんじゃないかと思います。

日本の軍隊は個人では動かず、集団で動く。集団をリードするのは個人なのですが、その時に強力なコンビが存在しますと、思いのほか集団をリードしてしまうことがある。

インパール作戦でもビルマ方面軍司令官の河辺《かわべ》正三《まさかず》と第十五軍司令官の牟田口《むたぐち》廉也《れんや》が妙なコンビを組んでいるのですね。実は盧溝橋《ろこうきょう》事件もこのコンビがやっているのです。

野中　つまり同じ失敗を繰り返した、と。

半藤　ええ。盧溝橋の時、河辺は旅団長、牟田口は連隊長でした。これ以上拡大してはいかんと、河辺が止めに来るのですが、牟田口と睨《にら》み合ったまま、顔面蒼白のまま河辺は何も言わずに去るのですね。以来あ・うんの呼吸と言いますか、肌の合わない二人なのに、コンビになると妙に呼吸が合った。

野中　暗黙知は共有していたわけだ（笑）。

半藤　そうなのですよ。その二人がインパールへ行く。「閣下、私たち二人が太平洋戦争を引き起こしたのだから、私たち二人の手でこの戦争の最後、見事に花を飾りましょう」というのがインパール作戦の基本なのです。日本人というのは非常に知的な人がいても、もう一人の強硬論者とコンビを組みますと妙に突出してしまう習性があるように思います。

野中　非常におもしろいご指摘ですね。

半藤　私はノモンハンのあとが特に大事だと思っています。辻政信と服部卓四郎の二人はもうこりごりだったのでしょう、北へ出るのは。それで二人は南へ南へと思考を転回させるのです。ノモンハン後、辻はただちに台湾に行き、南方作戦を研究していますからね。

ノモンハンの一年後、服部卓四郎は陸軍参謀本部へ戻ります。そして作戦班長になっちゃう。その上の作戦課長はロシア通の土居明夫、部長は田中新一でした。服部はどうしても辻を呼ぶと言う。土居は知的な人でしたから、「おまえと辻が組めばまたノモンハンと同じことをやる」と言って蹴るわけです。ところが服部は秀才ですから部内工作がうまいんですね。いつの間にか「土居という人は恐ロシア病患者の赤《アカ》だ」という風評をじわじわと流した。それで土居はだんだんと部内で浮き上がってしまうのです。

ついに土居は服部と対決して「何を言うか！」と切りこんだ。すると服部はのほほんとした顔をして、田中部長のところへ行って判断を仰ごうじゃないか、と言うわけですよ。

土居が田中部長のところへ行って「私と服部とどちらを選ぶのですか」と問いつめると、「服部を選ぶ」と。それで土居は転任ですよ。そして服部が作戦課長となり、ただちに辻を作戦班長として呼び戻した。昭和十六年七月のことでした。以後、復活したコンビは南へ、南へと対米英戦争必至の南方作戦計画を推し進めていくのです。

言語化を欠いた組織

野中　半藤さんは司馬遼太郎さんとお親しかったと思いますが、『坂の上の雲』を例にとっても、明治維新の頃の人々は非常に深く考えていますね、謙虚に。ああいう深さというものはどこから来たのでしょうね。

半藤　当時、国民の知的レベルが相当に高かったからではないでしょうか。私がなぜ『ノモンハンの夏』を書こうかと思ったのかと言いますと、もしあの時点で反省し、教訓を学んでいれば、その後日本を滅ぼすようなことはなかったのではないか、と思ったからです。ところが、実際に本を読まれた方々はそうした教訓よりもむしろ、現在の日本と似ていると思われたようなのです。

戦争の時代にはなぜ、いい意味のインテリゲンチャがいなかったのだろうか。リーダーの中に知性の欠けている人が多いのはどうしてか。現在もリーダーに本来の意味での知的人物がいないのはどうしてだろうか、と聞かれることが多くなりまして、それで私も考えました。

その結果、国民全体の教養レベルが低い時には、どうしてもいいリーダーが出ないのじゃないか、と。幕末から明治維新にかけての国民の知的レベルは相当に高かった。それでいいリーダーが出て、明治維新も成功したのではないかという気がしています。

野中　太平洋戦争の頃は、新聞、マスコミの知のレベルも低かったのですね。逆に戦争を煽《あお》っていますからね。極めてプリミティブな攻撃性と申しますか、情緒的な知が支配していた、ということが問題ですね。

半藤　そう、情緒的な知、いまとあまり変わりませんな（笑）。

野中　もう一つ感じましたのは、『坂の上の雲』などでは、本質を見抜く哲学的な思想が身についている。しかも彼らは美しい言語で概念と言いますか、コンセプトを出せる。

経験知が深いということは、西田哲学で言えば純粋経験ということになるのでしょうか、我を超えてまさに対象と一体化する、非常に深い暗黙知がそこにはある。これが私たちの直観、まさに道を究めるスキルを磨くわけです。単なる直観を超えた自覚と言い換えてもいい。この自覚に至るためにはどうしても経験知が形式知と相互作用しなくてはいけません。そこで日本の軍人、とくにノモンハンなどの失敗を見ていますと、経験は積んでもそれを言語とか概念に捉え直すということがないのですね。言語にしませんと私たちの経験を自覚的に捉えることができませんから、反省を欠きますね。

半藤　なるほど、たしかにそうですね。正確な言葉にして教訓を残していない。

野中　真珠湾攻撃というのは艦隊決戦から航空主兵へと移ることになった新しい概念なのです。ところが発案者である山本五十六の書いたものを読んでも奇襲というアイデアはあっても、これまでとはまったく異なる理論が背後にある、本質的に「機動部隊」という概念があるのだということを言っていない。

そこで源田実《げんだみのる》参謀に会いに行ったんですよ。「あの時、機動部隊というコンセプトははっきりしていたのでしょうか」と。もうかなりお年でしたが、「どうもはっきりしていなかったな。ただ、俺は航空主兵ということは論文で書いた」とおっしゃってはいましたが。

逆にきちっとしたコンセプトを形式知化してパッケージ化し、ハード、ソフトに落としこむシステムを構築したのは米国海軍でした。

半藤　おっしゃるとおりで、日本の組織にいちばん欠けているのは自己点検による自己改革。さらに言語化。これができないんです。

私も長いこと会社勤めをしていたので分かりますが、組織が大失敗した時など、これは貴重な経験だから、ここから学びとり将来に生かそうじゃないか、と言うことは言うのです。当事者にヒヤリングして、きちんとまとめて文書にしよう、と。ところが実行したことは一回もありません。成功した場合でも、伝統とか神話にはなりますが、ではどのような条件でどのようなコンセプトを持ち、何日くらいかけて計画を実行したのか、といったことを文書にして残したためしはまずありません。

どうしてそうなるかというと、失敗を厳しく突きつめていくと、どうしても責任者というものがでてくる。でてこざるをえない。ところが日本の組織はその責任者をだすということがなかなかできない。情がからむのですね。

つまり日本の組織には習慣と伝統と組織の論理というものがありまして、その外へ出るということはよほどの自己革新をやるんだ、という決意を持ってやらないかぎり、少々の揺さぶりではできないと思います。知では分かっていても、集団的な情で流されるのです。

歴史と正論

野中　アメリカのリーダーシップのテキストには、ひんぱんに軍法会議のケースが出てくるんです。軍法会議というのは、失敗からもっとも教訓に富んでいる知を発掘してオープンにし、議論する場なのですね。

半藤　ええ。アメリカの軍法会議は罰を与えるための場ではない。失敗した、となるとすぐに軍法会議にかけ、どこに間違いがあったのかを調べて資料にしてしまう。そして失敗者は即クビか、というとそうではなくて、もとの部署に戻しておく。このコンセプトはこの男がいいだろう、という時になるとまた起用して出すのですね。もとへ戻ったケースは太平洋戦争の間に二十六例あったかと思います。

野中　日本では、インパール作戦でも独断で退却し、結果として部下一万人を救った佐藤幸徳《こうとく》中将を精神に異常を来《きた》したかのように扱い、軍法会議を避け、議論を避け、結局知を埋もれさせたまま、組織的に活用せずに排除しただけでした。

半藤　源田実さんは海軍の名参謀ということになっていますが、あの人も一種の辻政信なんですね。「源田サーカス」と言われたくらい戦闘機に関しては名人で、頭はいいし、弁が立つということにはなっていますが、およそ責任は取らない軍人のようです。じつは特攻隊は彼の発案なのに知らん顔。優秀なれど危険な人なのです（笑）。

野中　私もお会いして感じたのは、反省のない人だな、と。ミッドウェーにしても、ここは私が失敗した、という謙虚さがありませんでした。他者に対して謙虚であること。日本のエリートにはそれが欠けていますね。

半藤　私もずいぶんと軍人に会いましたが、皆同じです。自信家で他者に対する配慮がほとんどない。反省なんてぜんぜんありませんしね。牟田口さんもそうでした。

彼らに共通しているのは、「俺たちの考えは間違っていない」ということなのです。「俺の考えどおりやればよかったのに、現場の人間がやらなかった。だから失敗したんだ」と。こんな自信家集団が太平洋戦争をやったんじゃ、そこから学びとることなんて一つもありません。

野中　ところが、正論を述べている人も必ずいるんですね。

半藤　そうそう。ところがそうした正論にたいしては聞く耳を持たない。

野中　日本の場合には、どうも知が組織的に生成されないように思います。過去に成功体験のないものを新しく評価していく場合にはある種の政治性を排除する必要があるのですが、どうも政治的駆け引きのうまい人が組織を引っ張っていくシステムになっている。

半藤　簡単に言えば、組織の名誉を傷つけるな、という言葉が集団を縛るのですね。「日本陸軍の恥辱になる」という言葉の前に立つと、正論が消えてしまう。

野中　今日は大変興味深いお話をいただきましたが、とくに、本当に知的なリーダーを生み出すには時代が知的でなければいけない、というご指摘が胸にこたえました。まさしく現代と似ているな、と感じました。

半藤　歴史をまったく知らない国民がこれだけいい気になっているのですから。そこからすごいリーダーが出るなんてありえない。平成三十二年、四十二年くらいを目指してもう一度日本をやり直したほうがよろしいのじゃないでしょうか。

野中　たしかに歴史をどんどん捨てていますからね。いま見ていますと過去の否定だけで、極めて建設的なものが出にくい世論になっています。まさしく歴史を学び、歴史を超えていくビジョンが必要な時だと思います。

東京の戦争

吉村 昭

&

半藤一利

吉村昭（よしむら・あきら）

昭和二年、東京生まれ。作家。著書に『星への旅』（太宰治賞）、『戦艦武蔵』、『高熱隧道』、『大本営が震えた日』、『零式戦闘機』、『陸奥爆沈』、『空白の戦記』、『海の史劇』、『冬の鷹』、『漂流』、『ふぉん・しいほるとの娘』（吉川英治文学賞）、『ポーツマスの旗―外相・小村寿太郎』、『光る壁画』、『破獄』（読売文学賞、芸術選奨文部大臣賞）、『冷い夏、熱い夏』（毎日芸術賞）、『長英逃亡』、『桜田門外ノ変』、『天狗争乱』（大佛次郎賞）、『彰義隊』、『吉村昭自選作品集』、『吉村昭歴史小説集成』ほかがある。日本芸術院賞、菊池寛賞受賞。平成十八年逝去。

米軍パイロットのマフラーの色

半藤　東京大空襲を経験した物書きはほんとうに少ないんですね。

吉村　だから対談する相手に困るんですよ。誰と話しててもあの頃、東京にいたって人がいないので、それで待てよ、東京で空襲経験したのが極めて珍しいなら、戦中戦後の日常生活を書いてみようと思って、『東京の戦争』（筑摩書房）を書き始めたんです。そしたら記憶があとからあとから出てきましてねえ。

半藤　吉村さんの本を読んで、私も連鎖反応というか、当時のことをいろいろ思い出しました。本の冒頭に出てきますが、お生まれになった昭和二年頃は、日暮里《にっぽり》あたりはまだ郡だったのですね。

吉村　そう、北豊島《きたとしま》郡日暮里町。

半藤　じつは私も東京府下で。昭和五年向島《むこうじま》の生まれですけど、南葛飾《みなみかつしか》郡吾嬬《あづま》町字《あざ》大畑と言ってました。

吉村　終戦の時は、中学生ですか。

半藤　ええ。中学三年生で十五歳ですね。昭和二十年三月十日に東京大空襲を受けた時は、まだ二年でした。

吉村　じゃあ、半藤さんあたりが、東京に残っていた可能性のある最後だなあ。僕等が十八で、軍隊に行く直前でね、その上はすでに兵隊になって東京を離れてる。僕は結核で、旧制中学五年の時に一年の五分の三休んじゃって落第するはずが、一年下の四年生が戦時特例で繰り上げ卒業になって、一緒に出られたんです。終戦の十日ほど前、空襲で外壁だけになった日暮里の小学校へ、徴兵検査に行きましたよ。そうしたら、結核なのに第一乙種合格。

半藤　よっぽど兵隊さんが足りなくなっていた(笑)。なるほど、おっしゃるとおり昭和七年生まれは学童疎開ですし、六年生まれがいたりいなかったり。私の家も、東京は必ず空襲を受けるからと、親父が昭和十九年のうちに母親と弟妹を茨城に疎開させてました。残ってたのは親父と長男の私とお手伝いさんだけです。

吉村　たしかに、子供も年寄りも東京にいなかった。そういえば犬もいなかったな。犬見て、あれえ犬だと思ったことあるもの。

半藤　昭和十九年頃の東京空襲が始まる頃には、みんな疎開してましたね。

吉村　当時の人口はかなり減っていたと思います。だから、東京で戦争を体験した人というのは、かなり限られてくるんですよ。

半藤　東京の戦争で印象深いのは、やはり昭和十七年四月十八日の東京初空襲でしょうか。吉村さんは、その米軍機B25を目撃されたのですね。

吉村　そう。あの日は土曜日で、学校から帰って、物干し台から武者絵《むしゃえ》の六角凧《ろっかくだこ》を揚げてたら、尾久《おぐ》のほうから飛行機が低空で飛んできたんです。凧に絡むんじゃないかと心配になって、慌てて糸を手繰《たぐ》った。それぐらい低い位置でした。凧揚げする時って、仰角《ぎょうかく》六十度ぐらいでしょ。その凧の上を通っていったから、横から見えたんですね。銃座が出てて、風防の中にマフラーを巻いた飛行士が二人見えました。

半藤　マフラーの色は見えなかったんですか。

吉村　オレンジ色。この話は、どうもうますぎると、半藤さんが疑ってるって噂を聞いたんですけど（笑）。

半藤　ハハハ。いくらなんでも低すぎやしないかと思って。それを証明するために、東京上空を過ぎた四機のコースをいま調べてもらってるんですよ。

吉村　どうぞ調べてみてください。荒川区尾久に、洗濯石鹸を作っていた旭電化。アデカ石鹸ってあったでしょう?

半藤　ありました。よく知ってます。

吉村　その旭電化を爆撃している写真があって、僕の家の真上を通って谷中《やなか》の墓地のほうに飛んでいった。尾久では多くの人が死んで、被害が大きかったんじゃないかな。

半藤　あと金町《かなまち》で銃撃されて、子供が死んでいるのですね。しかし、マフラーが見えるほど低かったかどうか……。

吉村　何を言うんです(笑)、高度四百メートルの超低空飛行ですよ。朝日新聞のコラムにこの話を書いたら、約三十通手紙が来て、「これまで嘘だろうと言われていましたが、先生が書いてくださってホッとしました」とか「私もありありと見ました」と書いてありましたよ。他にも見た人がいるのです。

今度、アメリカ側の資料を調べるつもりでね。初空襲時、東京上空に凧が揚がっていたと記録が残っているかもしれない。要は、開戦後の東京もあの頃はのんびりしていたということでね。

半藤　私は小学六年生で、あの日は学校総見で向島の東成館という映画館で、阪妻《ばんつま》の『将軍と参謀と兵』を観ていたのですよ。途中、阪妻が「戦争というものはなかなか厳しいもんじゃのう」と言うところでバチッと切れて、空襲警報が発令されたので直ちに帰れと。それで表に出たら、上空にポカッ、ポカッと四つぐらい高射砲が破裂した跡が見えました。

吉村　高射砲のことはぜんぜん知らないけどな。

半藤　いやいや、破裂した跡がまだ膨らんで流れていかずに、真っ白だったのです。

でもB25の姿はなかった。

吉村　僕もまさか米軍機だとは思いませんでしたよ。星のマークが見えたので、中国の飛行機を捕獲して、戦意高揚のためにデモンストレーションをやってるのかと思った。機体を右に傾けながら、谷中墓地のほうへ飛んでいったあと、母が「ご飯だよ」と言うので下で昼食をとってると、兄が帰ってきて、怒ってました。自転車で帰る途中、上に米軍機が見えたので交番に言いに行ったら、「流言飛語をとばすな」と胸ぐらを摑《つか》まれて、そこに空襲警報が鳴ってようやく解放されたと言うんですね。

半藤　じゃあ、我が向島は通らなかったのかなあ。ほんの川一つ向こうなんですけどね、日暮里とは。

吉村　超低空だから、見えた範囲が少ないんでしょう。こんな（両手を広げて）大きく見えましたもの。

半藤　それじゃ相当低いんだなあ。

吉村　上空を通ったら、マフラーは見えませんよ。だけど、僕は凧揚げをしていたから見えた。仰角六十度です。

半藤　それにしても、四月十八日ですよ、正月じゃないんだから。凧揚げなんて、よっぽど酔狂なやつですよ。

吉村 僕は昔から凧揚げが大好きでね、凧屋の家に養子に行けって、母親によく言われましたよ。

戦時下の青春

半藤 開戦の昭和十六年十二月八日は、どこでお知りになりました？ ラジオの大本営発表は午前七時と朝早いんですが。

吉村 日暮里の町は沸き立ってましたね。みんな日の丸を出して、ラジオの「軍艦マーチ」がきこえて、その中を歩いて中学に行ったのを覚えています。

半藤 私も朝、親父に起こされて「アメリカと戦争が始まった。これからはしっかり勉強するように」なんて言われて。いま思うと、親父も興奮してたのですね。
開戦の翌々日、お兄さんがご遺骨で戻られて……中国戦線ですか。

吉村 ええ。うちは九男一女で兄弟が多いんですが、六番目の兄が八月十日に戦死しました。知らせはすぐ来てましたが、母が子宮癌で、大塚の癌研究所の付属病院に入院中だったので、教えなかったんですね。家族で芝居して、わざと慰問袋を送ったり、弟は慰問文を書かされたりなんかしてました。

半藤 それは亡くなったお兄さん宛てに？

吉村　そうです。それがある時、戦友から送られて来た悔やみ状を見てしまって、母親が半狂乱になった。こっちは怖いから、弟と一緒に谷中の墓地に逃げましたよ。夜十時頃家に帰ると、みんな号泣しながらも、近所に聞こえないよう雨戸を閉めててね。その二週間後には、今度はすぐ上の兄が出征していくんです。

半藤　そういう点でわれわれの世代はまさに戦争適齢期でした。昭和十六年頃は、出ていく時も戻る時も、まだ盛大でしたね。町を挙げてという感じで、子供たちは日の丸の旗を振ってお見送りしたり、恭《うやうや》しく頭を垂れて、遺骨をお出迎えしたりして。

吉村　兄の時にも町の人がたくさん出てくれましたよ。それがだんだん密《ひそ》かに戻るようになり、やがて遺骨はなくて、箱だけが帰るようになるわけです。ただ、空襲にしても、爆弾を落とされないかぎりは、華麗なショーを見ている感じでしたよ。昼間、八十機から百機が一斉に、飛行機雲を引きながら現れるんだから。

半藤　抜けるような青空に、キラキラッと機体が光るんですね。

吉村　飛行日和《びより》ですよ。

半藤　私は勤労動員で、中学二年から大日本兵器産業という海軍の工場で零戦で使う二十ミリ機銃弾の薬莢《やっきょう》や弾丸の検査をしていました。そこで仕事を教えてくれた忍《しのぶが》岡《おか》高女のお姉さんと恋愛してましてね。彼女の空き時間に合わせて、同級生が作業を替わってくれて、工場の隅で話したりしましたよ。内容はみんな忘れました。物理学校（現東京理科大学）のオヤジみたいな奴らに見つかって目茶苦茶に殴られましたが（笑）、青春はありました。

吉村　数カ月前かな、僕と同い年の人が、B29が撒いた宣伝ビラを憲兵が銃を押しつけ回収していったとテレビで話していて驚きましたねえ。僕が拾ったのと同じ、トルーマン大統領の写真がついたビラ。

半藤　日本国民に降伏を呼びかけたやつですね。

吉村　憲兵が一庶民のとこまでわざわざ来てなんてバカなことはない。どうも芝居みたいな作り話にしてしまうんだなあ。でも僕もある時、武者小路実篤の『お目出たき人』を持ってて、橋の袂《たもと》から出てきた憲兵に「こんなものをおまえ、読んでるのか」ってそのまま持っていかれたけど殴られはしなかった。

半藤　戦争だから陰鬱で悲惨なばかりというのではかならずしもなかったですね。終戦の年、昭和二十年四月十三日夜の空襲で日暮里界隈もすべて焼かれましたが、吉村さんのお宅は延焼ですか。

吉村　いや、家の中に落っこちたらしいです。裏の家に落ちたのが庭から見えたので、急いでバケツに水を汲んでたら、親父が「バカ！　おまえ一人で消せると思うか、早く逃げろ」と。

半藤　偉いお父さんですね。

吉村　関東大震災を知ってましたから。あとで戻ってきた兄貴が、靴とか取りに入って、八畳間に焼夷弾が一発、落ちていたと話していました。向島あたりは三月十五日ですか。

半藤　いえ三月十日のいわゆる東京大空襲のほうです。北風が強い日で空襲警報のサイレンが鳴ったとき、すでに風下の深川は相当燃えてました。「今日は華々しいね」なんて親父と防空壕の上で喋ってたら、一機だけダーッとB29が頭上を通っていって。これはデカかったですね。工場で日頃、海軍士官から「弾が丸く見えた時はダメだと思え」と言われてましたが、飛行機が通過したなと思った瞬間にバーンと頭上で撥ねて、土砂降りなんてもんじゃない、焼夷弾がボカボカボカーッと降ってきて、防空壕上からころげ落ちた。たちまち火を吹く家が二軒ありました。

吉村　貨物列車がガーッと落っこちてくるみたいな音ね。もう防空壕でつっ伏しちゃう。

半藤　私は火を消せると思ったもんですから、仲間四、五人とにわか少年防空団で消しにかかったのですが、おっしゃるとおり消せるわけがない。それで逃げおくれて、火に追われながら、風下に逃げるよりしようがなくなりました。

吉村　それはいちばん危ないな。

半藤　北の荒川放水路のほうへ逃げればよかったところを、そのへん一帯が燃えてたので、北風に追われて火が迫ってくる中を南へ南へと。ものすごい猛火でしたね。これはダメだと左右に分かれて、右は隅田川、隅田川のほうへ逃げた人はたくさん亡くなった。私は左の道をとって中川に飛びこんだ。「リンゴの唄」の並木路子さんも、隅田川に逃げた一人で、お母さんは溺死されてます。

吉村　あれね、飛びこむのは、熱いせいですか。

半藤　煙と火の粉で立ってられないのです。小さい子連れのお母さんは飛びこむ元気がないから、水を被って川の縁に並んでました。そして火がかかってきた瞬間に、紙屑みたいに髪や洋服がバーンと燃え上がって、あっという間に窒息死です。その上を火がダーッと舐めていくのを私たちは川の中から眺めているほかなかった。

吉村　うーん。

半藤　これには参りました。じつは川の中の自分も危なかった。泳げない人が、私の手には摑まる、足にも摑まる。一緒になって浮いたり沈んだりしてる間に、数隻、舟を出してくれた人がいて、首っ玉をひょいと助けあげられました。まだ子供だったたからでしょうね。それから助けられた舟の上で、寒くてぶるぶる震えながら、夜が明けるまで見物して……。

吉村　見物というより、感覚がなくなって、ただ見ている感じでしょう。

半藤　そうですね。恐ろしいという感じはなかったですね。

吉村　僕のほうは、隅田川の尾竹橋の上から、その流れてきた死体を見たわけです。付着力なのか、七、八十体あったかな、みんな焼けてなくて、女の人の着物も綺麗でしたよ。くっついて筏《いかだ》みたいに固まっていて……。それを僕等は橋の上から見てるのですけど、しばらくすると皆飽いたように行ってしまう。何かもう無感覚なんですね。

半藤　あの、人間が無感覚になる時は、おっかないですね。真っ黒焦げの死体がいくつも転がっている傍で焚き火して、服を乾かして気にも留めないんですから。

吉村　ああ、そういうものですね。

半藤　家もさっぱり焼けてました。当時、我が家ではおもてで飯を炊いていたようで、お釜の中を覗くと灰の下に一塊のご飯がありました。これがじつによく炊けてましてね、握り飯二つか三つ分しかないのを近所の人と分けて食べた。いままででいちばん美味いご飯です。

吉村　うちはすぐそこが谷中の墓地だから。いい避難場所で、あそこに逃げこんだ人はみんな助かったのじゃないかな。空襲の夜は、空がきらびやかな朱の色でしょう。お墓も人の身体も道も、みんな赤くて、しかも桜が満開ときてる。

半藤　なるほど、日暮里が空襲を受けたのは四月ですもんね。

吉村　日暮里の町の人間にとって、谷中墓地の桜は特別ですが、あの夜は、桜並木がものすごいピンク色に染まって、綺麗でしたねえ。朝が来て、日暮里駅の跨線橋を渡った時に、下でゴトッと音がしたので見ると、山手線の電車なんです。誰もいないホームに電車が止まっている。まだゴーゴー町が燃えているのに、鶯谷《うぐいすだに》に向けて発車していきました。日本の鉄道はすごいなと思いましたね。しかし不思議な光景でした。こんなことも最近、思い出したのです。

半藤　空襲中に吉村さんのお父さんが女性の所に行ってるんですね。

吉村　ちょうど三月十日の空襲の夜です（笑）。前年に母親が死んで、父が待合の女将とできてたのは知ってたので、兄貴と自転車で迎えに行ったのです。父が帰ってこないので心配して……。

半藤　私は親父に女がいるとは知らなくて（笑）。焼け跡でぼんやりしてたら、女の人がやってきて、「お父さんはご無事ですか」と。そして「私は郷里に帰りますから、よろしくお伝え下さい」とちり紙に包んだ五十銭玉を渡されたんです。そのままポケットに入れて忘れてたのが、その後、家族が疎開してる茨城に親父と自転車漕いでいって、「生きてたのか」と母親が大喜びで迎えたその時に思い出したんです。

吉村　ハハハハ。

半藤　たちまち五十銭玉一つで夫婦喧嘩が始まりました。戦時下でも男たちは依然として変わらずというか……。

吉村　日暮里あたりは日本橋の商家のお妾さんが結構いましたよ。芸者をしていたという風情の。あの人たちは空襲でどうなったのかなあ。

東京の戦争

半藤　『東京の戦争』での、電信柱掘りの話は初めてでした。非常時にはとてつもないことを思いつく人がいるもんですねえ。

吉村　いい薪《まき》になるからって、一日がかりで掘る。五、六回見ましたよ。親父が終戦の年の十二月に死んで、焼骨するので足立区役所に行ったら、燃料を持ってこなきゃ困ると言うんです。幸い、長兄が浦安で造船所をやってたので、板の材と木っ端を舟で運んできて、茶箪笥《だんす》専門の職人に柩《ひつぎ》を作ってもらいました。なんだか綺麗なのが出来ちゃってね、角が四角くない、楕円形の柩でね。いい職人なんだな（笑）。たいがいは簾《すだれ》で巻いて火葬場に運んだらしいですね。それで電信柱を二本ぐらい掘ったという話です。

半藤　柩を作るためですか。

吉村　いや、燃やす燃料にするために。

半藤　家が大空襲で焼けたあと、親父がちょっと名誉職をやっていたので、一人ひとりの罹災証明書に判子を押し終わるまでの一週間ぐらい、焼け跡で暮らしていたのですが、金庫開け屋が来た記憶が鮮明にあります。吉村さんがお書きのように、金庫をすぐ開けると発火するというので、ほっぽらかしていると、今度は錠前が冷えて開かなくなるんだと言って。

吉村　関東大震災を体験したうちの親父は、一週間後に開けて無事でした。半藤さんは、水道の鉛管を掘ってるのは見ました？

半藤　見ました見ました。ただあれは警察が取り締まってましたよ。

吉村　うちの紡績工場のガラス窓も、千枚ぐらい盗られましたが、兄貴は警察には届けませんでした。警察もとても手が回らないだろうと。

半藤　当時通っていた七中（現墨田川高校）が焼け残っているのが見えたので、十日の午後に行ってみたんですすよ。二、三十人ほど生徒が来てて、「いいところに来た」と軍手を渡されて、警防団の人たちとトラックで死体整理に行きました。

吉村　えっ、半藤さんがやったの？

半藤　とりあえず道路に倒れている人たちをトタン板の上に乗せて、トラックにヨイショと上げて、学校の校庭に運ぶ、その繰り返し。そのうち焼け崩れた防空壕を掘ったりすると、一家全滅とかに出くわすので、さすがに中学生にやらせる仕事じゃないと、一日でクビになりました。

吉村　それはすごい体験だなあ。

半藤　どうやら深川、本所、向島と、下町全体で十万人も被害者が出るとははじめは思ってなかったようですね。

吉村　一万と想定した公文書があります。僕はすでに卒業していたから、むしろ見ていたほうで、半藤さんみたいに直接手を下すことはなかったな。

半藤　まあ殺伐たる話はやめて、戦時下のお相撲の話をしましょうか。昭和十八年の五月二十一日に山本五十六《やまもといそろく》の戦死が発表されまして、その時国技館で、龍王山対青葉山の取り組みで、二人ともどうにも動かず引き分けになった。それを山本五十六戦死の報が出た直後に、かように敢闘精神が足らん相撲を取るとはなにごとかと、両力士が出場停止になっちゃった。双葉山力士会長がそれは違うと協会に抗議して、もういっぺん取らせたことがありました。結果は龍王山の負けでしたが、龍王山の方からみると「△」や「●」という前代未聞の星取表ですよ。同じ力士と一日置いて二度やるなんて。

吉村　戦時中、二所ノ関部屋の力士たちが軍需工場に動員されて、働いているのを見ましたが、あれは「特配」と言って食糧がたくさんもらえるからだったのでしょうね。お相撲さんは大変でしたよ。

半藤　戦中はもちろんのこと国技館が焼けたあとも、浜町かどこかで小屋掛け相撲をしたはずですよ。大相撲は番付面ではいっぺんも欠けてないんじゃないですか。

吉村　そうかもなあ。落語もやってましたよ。戦時下では数少ない娯楽だったから、いつも混んでました。

半藤　私は寄席は戦後ですね。

吉村　中学三年頃から通ってました。うちは商家で小遣いをもらえたから行けたのです。いまでも、「おまえが寄席に連れてくから成績が落ちたんだ」って友だちに言われますよ(笑)。

半藤　親父が剣劇が好きで、浅草の公園劇場にはよく行きました。金井修が贔屓《ひいき》で、私も「よっ、金井」なんてやって。

吉村　柳家三亀松《みきまつ》に、あきれたぼういずもよかった。片方で戦争していても、人間の日常はちゃんとあった。僕自身、中学三年生で昭和十八年に甲府に一人旅だってできたわけだし。

半藤　食糧に関しても、むしろ戦後のほうがひどいんじゃないですか。

吉村　戦時中は配給制度があったので、統制がとれてたんです。戦争が終わるとそれが外れたので、目茶苦茶でしたよ。

餓死体を見たのも戦後になってからです。上野駅周辺を通ると、必ず四、五体は見ました。終戦の日まではまだ秩序というものが存在してました。

出羽ヶ嶽の足

吉村　しかし考えてみると、僕たちは変なものを見ましたねえ。

半藤　できるだけ早く忘れようと思ってどんどん捨ててきました。空襲体験を話すのは、初めてなんですよ。

吉村　僕は作家としては、あの時期いろんなものを見たのは肥やしだと思う。

半藤　吉村さんとはたった三歳の違いですけど、このへんの三つは大きいですよ。吉村さんはかなり大人の世界に首を突っこんでるんだけれども、私はまだ子供でしたからね、無邪気な反面、嫌なことはとことん嫌になった。中学の教師にすごい軍国主義者がいて、敬礼の仕方が悪いとただそれだけで、シャベルで十日間座れなくなるぐらい尻を殴りつけられたりした。のちに推理小説の評論をやった大御所になりましたが、終戦をはさんで、くるりと変わった。大人たちのああいう姿を見たショックはありましたね。

吉村　そういうのいたね、たしかに。

半藤　おまけに東京大空襲を指揮したカーティス・ルメイに、航空自衛隊育成に尽力したからと、勲一等をあげたんですから。私は絶望しましたよ、日本の国に。

吉村　戦争ってさ、勝つと人を多く殺したやつが勲章もらえるんですよ。それに戦争体験は一歳違うとぜんぜん違いますからね。同じ東京でもなんともない人もいて。

半藤　地方に行けばさらに違います。

吉村　いま思い出したのですけど、戦後本八幡の駅で、出羽ヶ嶽の文ちゃん（出《で》羽《わ》ヶ《が》嶽《たけ》文《ぶん》治《じ》郎《ろう》）が杖ついているのを兄貴と見たことがあって。栄養失調の様子で、大きな体を折り曲げるように電車に乗りこんだ、と『東京の戦争』に書いたら、親父の会社に勤めていた人の息子さんから手紙が来てね、「あの時は僕もいました。昭さんは家へ帰ると、出羽ヶ嶽の足はこんなに大きかったと、新聞紙を切ってみんなに見せてくれました」って言うんだな。だから半藤さん、僕が作り話はしないという証人がちゃんといるのです。ドゥーリトル爆撃機のマフラーね、あれもたしかに見たの（笑）。

半藤　ハハハハ。認めます、認めますよ。

吉村　この対談を読んで、私も見ましたっていう手紙がきっと来るはずだから、その時は、半藤さんのところに回しますからね。

戦争と艶笑の昭和史

丸谷才一

&

半藤一利

丸谷才一（まるや・さいいち）
大正十四年、山形県生まれ。作家・文芸評論家。著書に『笹まくら』（河出文化賞）、『年の残り』（芥川賞）、『たった一人の反乱』（谷崎潤一郎賞）、『後鳥羽院』（読売文学賞）、『忠臣蔵とは何か』（野間文芸賞）、『樹影譚』（川端康成文学賞）、『光る源氏の物語』（共著、芸術選奨文部大臣賞）、『裏声で歌へ君が代』、『女ざかり』、『輝く日の宮』（泉鏡花文学賞）、『新々百人一首』（大佛次郎賞）、『丸谷才一全集』ほかがある。文化勲章受章。菊池寛賞、朝日賞受賞。平成二十四年逝去。

お定さんショック

丸谷　ピーター・ゲイという歴史家が書いています。二十世紀は革命と戦争の時代で、誠に悲惨であった、この時代において誇るべきことはただ一つ、モーツァルトを発見したことだけだ、と。

僕もそれにならって言えば、昭和前期というのは誠にくだらなく、無意味な時代であった。あの時代においてただ一つ栄光とすべきことは、『源氏物語』を発見し、それを宣揚したことである……。詳しく言いますと、正宗白鳥《まさむねはくちょう》がアーサー・ウェイリーの英訳『源氏物語』をおもしろいと絶賛した。それを知った中央公論の嶋中雄作が谷崎潤一郎に現代語訳を頼んだ。それで、『源氏物語』が初めて一般読書人に受け入れられるようになった。

半藤　たしか谷崎は、昭和十年から訳し始めて、本が出たのは戦後でしたね。

丸谷　戦前にも一度出ているんです。ただ、戦前に出たものは右翼からの攻撃を警戒して、誠におずおずと慎重に書いている。戦後にもう一度訳し直しています。

半藤　『源氏物語』は時局にふさわしくない不倫小説だというので、昭和十五年にお芝居も映画も、禁止になっていたんですよね。やっぱり野蛮な時代です、昭和前期というのは。

丸谷　そうそう。この時代のことを楽しく語るのは難しいでしょう。

半藤　谷崎さんが『源氏物語』訳にとりかかった翌年、昭和十一年はまさに二・二六事件の年。世は戒厳令下ですが、「阿部定《あべさだ》事件」の年でもあるんですよ。僕は今日、昭和史をゴシップ的におもしろく、楽しく語るとなると、もうこのお定さんしかないんじゃないかと。

丸谷　大賛成。僕はこの時十一歳だったのですが、二・二六事件とお定さんとに大変なショックを受けたんです。人間ってものはずいぶんいろんな理由で血を流すもんだなあと(笑)。

半藤　とにかく戒厳令下ですから、新聞は二・二六事件については一切書けないのです。ところが阿部定のほうは検閲に関係ないから、徹底的に書きまくった。これがすごいんですよ。事件のその日は、社会面トップの五段抜きですよ。「尾久紅燈街に怪奇殺人／旧主人の惨死体に／血字を切刻んで／美人女中姿を消す／待合に流連《いつづけ》の果て」、これが第一回なんです。「いづこに彷徨《さまよ》ふ？／妖婦〝血文字の定〟／情報刻々到り検察陣緊張／紅燈街の猟奇殺人／巧に捜査網を潜る」、これが翌日のトップ四段抜きなんです。これは朝日なんですが、読み出したら止まらなくて、朝刊、夕刊、朝刊、夕刊と全部書き出した（笑）。

丸谷　ほう、おもしろいでしょうね。

半藤　ええ、本当におもしろい。

丸谷　お定が捕まった時、ちょうど国会では予算委員会やってたんです。その時に三人の代議士が「しばらく議事を停止して号外を読みたい」という緊急提案をして、全員が事件の号外を読みふけった。僕はね、この三人は戦前の日本の国会において珍しく真実の声を上げた代議士だと感心しているんです。

半藤　当時、新聞社では、あそこをどう書くかというのが大問題だったそうですよ。「局部」というのもつまんないと。で、何かないかというので揉めてね、結局朝日の紙面には「下腹部を斬りとって……」。

丸谷　「下腹部」ってあれ以前には使わなかった言葉でしょう。

半藤　でしょうね。毎日新聞では、急所と局部の間をとって「局所」にした。社内で懸賞募集したんだそうです。

丸谷　しかし新聞報道だけでは、子供には事件の意味がよく分からなかったな。懐に何を入れてたのか（笑）。親になんてもちろん聞けないんだけど、ただ、店で男たちが喋ってるのを聞いた時に、ははあー、と思った。喋り方で分かったんですよね、どういうことなのか。

半藤　お定さんは捕まるまで「下腹部」を懐に入れてて、刑事が「例のものはどうした」と言ったら、懐からちらっと出して、シャッとしまったそうですよ。それを包んでたのがハトロン紙だったということで、今度はハトロン紙というのが有名になっちゃった(笑)。だから阿部定事件って、いろんなものを日本に残してくれたんですね。

丸谷　とにかく、この事件が幼少時における心的外傷というのかなあ、いまだに僕にはお定トラウマみたいなものがあるんですよ。

半藤　お定トラウマ⁉

丸谷　だからお定は僕にとって非常に重大な人物。ある時、ものを書いていてハッと気づいたことがあるんです。人間には歴史的人間と自然的人間がある。歴史的人間というものは、歴史の進行に対して責任を持つ知識人の生き方である。自然的人間というのはそういう責任は持たないで、ただバース・コピュレーション・アンド・デス、つまり誕生と交合と死、この三つを生きる。そういう存在として自分を規定している。阿部定さんと石田吉蔵《きちぞう》氏、この二人はね、まさにバース・コピュレーション・アンド・デスでしょう。それしかないわけだから。

半藤　歴史的責任がないから、新聞もあれだけ書けたわけですね。

丸谷　そう。完全な自然的人間はなかなかいないものなのに、二人は揃って徹底して自然的人間だった。だから日本人全体があれだけ衝撃を受けたのですね。

阿部定事件をテーマにした文学はいくつもありますが、僕が最高だと思うのは、斎藤茂吉『暁紅』の中の四首。

「サダイズムなどといふ語も造りつつ世人《よひと》はこころ慰むらしも」「この二人の男女《をとこをみな》のなからひは果《はて》となりけり罪ふかきまで」。そして、これがいちばんおもしろいんだけど、「阿部定が切り取りしものの調書をば見得べくもなき常《つね》の市民われは」……と調書を読めないことを残念がってる（笑）。四首目、「行ひのペルヴエルジヨを否定して彼女しづかに腰おろしたり」……「ペルヴエルジヨ」というのは性的倒錯ですね。これは性的倒錯ではない、と。茂吉としてはいちばんこれを言いたかったのでしょうね。

半藤　そうでしょう。

丸谷　小説では、織田作之助の『世相』。これは、織田作が戦後、小説が書けなくて困ってる。するとその時に、以前知り合いの天麩羅屋のおやじが阿部定の事件の公判記録を貸してくれたのを思い出して……というような、私小説体と阿部定事件とを混ぜた、巧妙極まる仕掛けのものです。最近では、『色ざんげ』という短篇集がある。島村洋子さんという閨秀《けいしゆう》作家が書いているんですが、お定の処女を奪った慶應の学生とか、よく書いてあって感心しました。とくに彼女を芸者屋に世話した女衒《ぜげん》夫婦の描き方がうまい。

半藤　お定に関係する人がみんな出てくるわけですか。

丸谷　そうです。それから、非常に惜しいなあと思うのは、お定さんの弁護人だった竹内金太郎弁護士の弁論記録が行方不明なんです。彼は名弁護士でね、鈴弁殺し、江《え》連《づれ》力一郎のロシア船襲撃事件、血盟団《けつめいだん》事件、二・二六事件、尾崎秀実《ほつみ》事件、極東軍事裁判、みんなこの人だから、竹内金太郎の伝記を書けば、昭和史をきれいにおさえることができるというくらい。尾崎秀実事件の弁論なんて漢文崩しで非常に見事なんですよ。だから、お定事件の弁論があったらどんなにおもしろかっただろうかと残念きわまりない。ただし、竹内金太郎の論旨そのものは分かるんです。お定は法律に昏《くら》いために、殺意があったようなことを言っちゃったし、裁判官たちは男女の仲ってものに昏いから、首を絞めるのが快楽になるなんてことをなにも知らなかった。つまり、両者の法律的および性的無知が重なったせいで、殺人罪という、ああいう間違った判決が出たと言うんですね。

半藤　当時の裁判官は分かんなかったのでしょうね、太股に血文字で「定吉二人」と書いてあったって、それが何を意味してるのか。

丸谷　そうそう。あれは女の名前が前に来るでしょう。お軽勘平《かるかんぺい》もお半長右衛門《はんちょうえもん》も、みんな同じですよ。あれは女人成仏《にょにんじょうぶつ》の思想……。

半藤　あ、そうか。死に損なっちゃっただけで、ほんとは道行《みちゆき》なんですね。

丸谷　そうそう。女の名前を先に書くという日本文学の伝統が、彼女のような女の中に脈々と生きていたと思うと、僕は非常に厳粛な気持ちになるんだなあ（笑）。

半藤　僕も阿部定関連の当時の川柳を二つ。「現代のサロメ小さな首を切り」「それとばかり刑事せがれに鉄兜《かぶと》」。それから、「お定は逃げるとき何を持っていたか？　胸に一物　手に荷物」（笑）。その後、この「胸に一物　手に荷物」という言葉は流行りました。

丸谷　ハハハハ、うまいですねえ。

半藤　二・二六事件のほうでも愉快な川柳があるんですよ。鈴木貫太郎は銃弾を四発撃ちこまれ、二発が貫通したが、一発は心臓のそばに、一発が陰嚢に残っちゃった。奥様は昭和天皇の乳母ですから、すぐに宮城へ電話して、東大の塩田広重先生を呼んだのです。結果的には陰嚢の弾は手術で取り出したんですが、その時塩田先生が詠んだのが……「鉛玉、金の玉をば通しかね」（笑）。どうも今日は下腹部の話ばかりだけど。

丸谷　それ、その場で詠んだの？

半藤　いやいや、もちろん無事と分かってからです。当時、誰が作ったかわからないザレ歌みたいなものがひそかに広まってました。新聞や雑誌にも残っていますが、「天皇陛下、事件のことを聞きてよろめき給う。侍従色を失ってこれを支う。陛下のたまわく、『朕《ちん》は、重心（重臣）を失えり』」。もう一つ、高橋是清《これきよ》大蔵大臣は当日風呂に入ってたと。これ嘘ですよ、ほんとは寝てたんですから……そこを襲われた高橋是清は慌てて飛び出した。後ろから警護の巡査が、「先生、先生、コレ着よ、コレ着よ」と言って着物を持って追いかけた（笑）。

丸谷　それ、記憶ある。

半藤　え、ありますか。

丸谷　「コレ着よ、コレ着よ」はなんだかうっすらと子供心に……。

半藤　この昭和十一年の新聞を見ていくと、本当に馬鹿馬鹿しい出来事がいろいろと出てくるんです。たとえば、蔵前《くらまえ》署の巡査が、立小便をしていた東大生を現行犯で捕まえ罰金を科した。そしたらその東大生が、断固として、俺はやっていないと、東京地裁に訴えたのだそうです。で、結果的に裁判で無罪を勝ち取ったのだけども、裁判長が「そんな事は裁判所に持ってこないで欲しい。単なる水掛け論である」と言った

（笑）。

丸谷　ハハハ、それ本当の話？

半藤　ちゃんと七月四日の新聞に載ってるんです。不思議な時代ですねえ。よっぽど書くことがなかったのか。

丸谷　あの頃、新聞記者も鬱屈してたし、なんか国民全体がそういう冗談を言って馬鹿のように笑うしかないような感じだったんでしょうねえ。

半藤　この時おもしろいのはね、ほとんど時を同じくしてジャン・コクトオとチャップリンが来ているのですよ、日本に。ところが日本人は誰も大騒ぎしない。もっぱらお定さんですよ。お定さんは戦後も依然として有名人で、昭和二十二年に文藝春秋の「座談」という雑誌で、坂口安吾《あんご》と対談していたこともありました。

丸谷　そうそう、あれは日本対談史に残る素晴らしい対談だった。

半藤　あれ、よく出てきましたよね。しかもお定さんは出席するのが嬉しそうだったとか聞いてます。

丸谷　お定さんのことだから、安吾の写真でも見て、この人に会うなら出てもいいと思ったんじゃないかな（笑）。

半藤　かもしれませんね。

丸谷　ともかくお定さんは戦前の日本の陰鬱な空気を吹き飛ばすスターでした。立派であるとさんざん言われていた日本の軍隊が二・二六事件を起こしたりして、あの時なんだか価値体系が狂っちゃったんですね。これまで庶民が信じてきた価値体系がひっくり返ったのだということを、違う形でうまく表現したのがお定さんだったんでしょう。

石原莞爾の予言

丸谷　僕が昭和史というもの、つまり歴史を最初に自覚したのは、満洲事変の号外でした。昭和六年九月十九日の午後に満洲事変の号外を見てみんなが、戦争だ、戦争だと言って浮かれてる。非常に嫌だなあと思った記憶があって、いまにして思えば、あの時僕は昭和史の真っ只中に連れ出されちゃったわけですね。

半藤　そういうことですよね。

丸谷　しかも、僕の生まれは山形県の鶴岡。満洲事変の首謀者、石原莞爾《かんじ》が生まれた町。僕の中学の先輩なわけです。

半藤　じゃ、石原莞爾とお会いになりましたか。

丸谷　いっぺん、すぐ近くで見たことがあります。もう戦後でした。石川正俊という石原莞爾周辺の元新聞記者が僕のうちに出入りしていて、東亜連盟の石原莞爾を囲む大宴会に連れていってくれた。

半藤　いい男でしょ。あれ。

丸谷　がっちりした感じの、引き締まった男ですね。かなり知的な感じ。

半藤　石原莞爾という人は非常に重要な人なのに、きちんとした伝記が出てないのですよね。いくつもの取り巻きのグループがあるから、何をするでもいちいち仁義を切らなきゃならないということになってしまう。しかも各グループの言うことが微妙に違う。

丸谷　そうでしょう。東亜連盟も分派が多いでしょう。

半藤　そのためにどうも石原莞爾というのはもう一つ客観的に正体が摑《つか》めないのです、残念ながら。鶴岡には大川周明《しゅうめい》というすごい人もいましたね。

丸谷　迷惑したんだよなあ。大学に入ったら中野好夫先生から「おや、丸谷君は鶴岡の生まれか。石原莞爾と大川周明、すごいところだなあ」なんて（笑）。

半藤　でも、みんな一種の天才ですからね。藤沢周平も含めまして、鶴岡は天才が出るとこなんですよ。先見の明があるというか、予言的なことを言う。

丸谷　そうそう。大川周明のような回教が大事だなんて考え方、あんなことは当時言えない。そして、石原莞爾が人心を圧倒する理由の一つとして、原子爆弾が登場するという予言が当たったことがある。マッチ箱一つで……。

半藤　「今にマッチ箱一つで都市が吹っ飛ぶような爆弾が出来る」。

丸谷　やっぱりすごい予言性ですよね。ただし、「満洲国をもって五族協和《ごぞくきょうわ》の王道楽土《おうどうらくど》にする」という、あの予言は当たりませんでした。

半藤　もう少しで当たりそうだったんですけどねえ(笑)。石原莞爾はいわゆる「最終戦論」のほうの予言もはずれたのだけれども、もう少しで当たるところだったんですよ。石原莞爾の言うとおりに、中国と日本が手を結んでしっかりとしたアジアの同盟国家をつくって、それでソ連を倒していれば、最後は予言どおりにアメリカと一大決戦になったのですよ。ところがその中国と喧嘩しちゃいましたからね。

丸谷　満洲事変のことでは、僕はいろいろと思うことがあるんですよ。さっき申し上げたような因縁もあって、なんとなく……。

半藤　いくらか申し訳ないと思ってるんですか、石原莞爾に代わって。

丸谷　いやいや、そうじゃなくて(笑)。満洲国建国というものがどうしてあんなふうにうまく成功したのかという疑問があるわけです。なぜ列強の干渉を受けずに、見逃されたんだろうか。

半藤　いちばん初めに文句を言うはずのソ連が、一言も言ってないですからね。極東には関心がなかったんですよ、もう。昭和の初めの時点では欧米列強は、ソ連も含めて……。

丸谷　ニーアル・ファーガソンというアメリカの学者の『憎悪の世紀』という二十世紀論によると、大恐慌が一九二九（昭和四）年に起こる。するとイギリスもアメリカもみんな対外政策を自粛して、国内政策にやっきになった。それで一九三一（昭和六）年になると、スターリンは極東への関心を捨てちゃって、一九三五（昭和十）年に日本に東清鉄道を売った。そしてソビエト軍をアムール川まで引いちゃった。

半藤　ウォール街の暴落以後、欧米列強の眼がアジアのほうまで向かなくなったのはたしかなんです。

丸谷　だから僕はね、ここのところまで読んだとすれば、石原莞爾ってのはやっぱり頭がよかったのだなあと。

半藤　そこが問題なんです（笑）。まあ、いくらかどさくさ紛れの感はありますがね。ただ、アメリカはそれほど文句はつけなかったもののやっぱり初めから睨《にら》んでましたからね。石原莞爾が思うように最初はうまくいきましたけど、やっぱり最終的には……。

丸谷　ねえ。しかも、ファーガソン先生に言わせると、満洲は要するに場末だからみんなが放っておいたと。しかし上海となると、これはそうはいかなかったんだと。上海事変をやったのは石原莞爾じゃないですけど。

半藤　ほんとに満洲事変だけでやめておけば、日本はよかったんですよね。こう言うとなんか帝国主義者になっちゃうけど（笑）。あそこぐらいまでなら手を出したって文句はないだろう、他の国もやってるのだからというぐらいの、じつに単純な考え方だった。

丸谷　それがあっちにも手を出す、こっちにも手を出すという、下手な碁みたいな話になった。日本は結局一九三〇年代になっても、一八九〇年頃のイギリスの真似をしてたわけですね。

半藤　それで通用すると思ってた。

丸谷　不戦条約があったでしょう。

半藤　昭和三年ですから、一九二八年か。あの前後からすっかり世界は変わっていたのに、それを日本は理解してなかったのですね。

丸谷　うーん、そこがねえ、不思議なんだなあ。つまり、不戦条約なんてものは要するに言葉の上だけのもの、という気持ちだったのでしょうね。

半藤　だから、石原莞爾たちが満洲事変を起こすのも、長期的な構想があってやったのかというと、そうでもない。何か障害にぶつかるとその都度、さあ、どうしようかと。

丸谷　おもしろい話があるんです。昭和六年の九月二十日過ぎ、ハルビンの甘粕正彦《あまかす》のところに和田勁《けい》という予備中尉が乗りこんできて、「奉天では急いでいるんだ。まあ、ここはオレに任せろ」と甘粕に言った。和田は甘粕と二人でホテルの三階の部屋から満鉄の事務所のほうを見て、「よく見ていろよ。満鉄事務所が吹っ飛ぶから」と言ったんで、甘粕は愕然として、慌てて日頃世話になってる満鉄事務所長の宇佐美寛《ひろ》爾《じ》という人に電話をかけて、「至急来てください」と呼びつけたんで、彼がふうふう言ってやってきた、ちょうどそこへ、トランクを持った和田の手下がやってきて、「大将、時限爆弾が故障でダメです」と……。

半藤　要するに、ハルビンで事件を起こして、防衛という形で軍隊を進めようとしたのですね。でないと侵略になってしまいますから。しかし、甘粕が工作したけどうまく行かなかった、という話は知ってますが、そんな計画があったというのは初めて聞きましたよ。満鉄の社史を見たら出てくるのかな。

丸谷　先程の話は、『満州裏史』（太田尚樹）という本に書いてあるのです。それで、満鉄の宇佐美氏はカンカンになって怒ったと。「すんでのところで、あの世に送り込まれるところだったのだから、怒るのも無理はなかった。この事実は、ほとんどの満鉄社員の間に知れることになった。当然のことながら、彼らは恐ろしさに震え上がり、それが収まると、こんどは怒りに震えたという」と書いてあります。呆れ返ってしまうね、これ読むと。

半藤 日本人がいかに場当たり的に動いていたか。浅はかというか……。

丸谷 ファーガソンの本には、こう書いてある。イギリス帝国主義は、現地の事情に通じているビジネスマンがやった帝国主義である。で、日本の帝国主義は、空想的な軍人がやった帝国主義である。

半藤 それは当たってますね。だから、満洲国をつくったのも軍人が中心で、経済人はぜんぜん関与してません。いわゆる経済人が向こうに行くのはずーっとあとですからね。日本が「遅れてきた帝国主義」と揶揄された所以《ゆえん》です。

昭和史と予言

丸谷 いったいに二十世紀の歴史というのは「予言」と絡む傾向が強いんですね。十九世紀というのは歴史の時代だったから、それを未来につなげるわけでしょう。ロマン主義的な、天からメッセージが降ってきて、それを天才が受けるという気持ちがある。たとえばマルクスの予言なんてのは典型的なそれなわけです。

半藤　日本人もそういう気持ちになってましたから、石原莞爾の予言もかなり信じられたのですね。

丸谷　ジョン・マローンの『当った予言、外れた予言』(文藝春秋)を参考書として検証してみましょうか。

十九世紀の最後の年になりますが、アメリカではカーネギーが「産業と科学技術の進歩のせいで二十世紀には戦争はなくなる」、という大予言をした。

半藤　おもしろいねえ。とんでもない大はずれ。

丸谷　さらに一九〇三(明治三十六)年十二月八日、アメリカのラングリー博士という研究者が、ワシントンのポトマック川で見物人をいっぱい集めて飛行機を飛ばした。その飛行機は飛び立ったとたんに川の中に落ちて、ニューヨーク・タイムズは、「飛行機はいずれ完成するだろうが、それは百万年か二百万年後だろう」と書いた。ところが九日後にはライト兄弟が飛行機を空に何分間か飛ばしちゃったんです。これはね、朝日新聞の誤報なんか問題じゃない(笑)。誤報としてもすごいし、予言のはずれ方としてもすごいんです。

半藤　僕も今日は、明治三十四年一月三日の報知新聞を持ってきました。一九〇一年、ちょうど二十世紀への変わり目なんですね。そこで「二十世紀の豫言《よげん》」という企画がある。たとえば……鉄道の速力がものすごく速くなる、市街鉄道がどんどん外に延びる、それから、「運動術及び外科手術の効によりて人の身体は六尺以上に達す」。

丸谷　当たってますね。

半藤　「人と獣との会話が自在になる」。

丸谷　これははずれ、ドリトル先生みたいなことにはならなかった。

半藤　「獣語の研究進歩して小学校に獣語科あり人と犬猫猿とは自由に会話することを得るに至り……」。おもしろいのはこのあと。「従って下女下男の地位は多く犬によりて占められ犬が人の使いに歩く世となるべし」と言うんですよね。犬や猫がロボットの代わり。やっぱりどこか夢がある内容の予言が、この時期に流行ったんです。

丸谷　二十世紀初頭には空想力豊かな予言がたくさん出ましたが、時代が進むにつれだんだん生々しく、戦争の世紀をヒシヒシと感じさせるものになっていきます。一九三八（昭和十三）年にはアメリカの元外交官のジョージ・F・エリオットという男が、「日本が真珠湾を攻撃するのは事実問題として不可能である」という予言を雑誌に発表しています。こんなことが考えられていたんですか、当時のアメリカでは。

半藤　これは予言というよりも、日本の艦の構造を少し軍事的に調べますと、分かることなのです。つまり航空母艦なり戦艦なりをハワイ近海まで連れていかないと、飛行機は飛ばせないでしょう。そうすると大艦隊と一緒に多くのタンカーも連れていって、何度も海上で補給をしないと。しかも荒波の中ですから、常識的に考えたら日本がハワイを攻撃するなんてことはありえなかった。奇想天外な話なんですね。

丸谷　なるほど。それはみんなアメリカには分かっているわけですね。

半藤　ですから、よく戦後の日本人は、アメリカの謀略説を唱えて、ルーズベルトは日本の機動部隊が来るのを待っていたと言いますけども、そんなバカな話はないのですよ。よほどのことがなければそういうことはやれないというのが海軍常識だったんです。だから、いまの予言はかなり軍事常識に基づいているいい予言です。

丸谷　ああ、そうなんですか。これをはずれさせたというところが、やっぱり山本五十六《やまもといそろく》、すごいんだなあ。

半藤　意表を突いたわけですね。その山本五十六の予言もあるんですよ。一九四〇年、昭和十五年の十月十四日、例の原田熊雄の『西園寺公と政局』の中に出てきます。「アメリカと戦争などしちゃいかん。どうしても戦争するとなると、アメリカだけじゃなくて全世界を相手にすることになる。ソ連と中立条約を結んでるが、そんなもの当てにできない、ソ連は攻めてこないと誰が保証してくれるか。そして俺は長門《ながと》艦上において討ち死にをする。東京あたりは三度くらいまる焼けにされて、非常なみじめな目にあうだろう」。

丸谷　全部当たっちゃったなあ。

半藤　見事に当てたんです。これが山本五十六、で、これが予言した晩のものと思われる写真なんです（写真を出す）。これが山本五十六、隣に米内光政《よないみつまさ》の贔屓《ひいき》の芸者の市奴、米内さん、山本五十六の彼女の梅龍。わざとそれぞれが離れてるところがいいでしょ（笑）。

丸谷　梅龍は里見弴《とん》の『いろをとこ』という小説の女主人公のモデルですね。あれは素晴らしい短篇小説でした。

半藤　息せき切って女がやってくる。まあビールでも飲めと山本らしい男がすすめると、「あたしはお酒にします。おいしそうだけど、あと汗ンなるんで……」「いずれにしても汗にゃァなるさ」。思わずチェッとやりたくなるセリフです（笑）。

それはともかくもう一つおもしろい予言がありましてね。「文藝春秋」の昭和七年一月号で紹介されているものです。一九三一年、満洲事変が起きる直前ぐらいに、大本《おおもと》教の出口王仁三郎《おにさぶろう》が言った予言。彼曰く、一九三一年は「イクサはじまる」と読むんだと。さらに、皇紀に直すと二五九一年、これは「ジゴクはじまり」と読むと。だから「必ず惨禍が起きる、それも大戦争が」――これで、大戦争を予言し、しかも日本人が地獄に落とされることも予言したということになっている。

丸谷　そんなことで、予言が当たったたって言えるのかしら（笑）。

半藤　件《くだん》の石原莞爾は後年にもいくつかの予言を残しています。彼は昭和十六年に陸軍を追い出されまして、そのあとに対米英戦争が始まります。開戦直後に立命館大学で国防学の講義をして、その中でこう言ったんです。

「この戦争は負けますなあ。財布に千円しかないのに一万円の買い物をしようとしてるんだから、負けるに決まってる。アメリカは百万円を持ってて一万円の買い物をしてる。そんなアメリカと日本が戦って勝てるわけありません」と。

丸谷　……石原莞爾の比喩は分かりやすいですねえ。

半藤　分かりやすすぎて、あまり軍人が言うことじゃないような気がしますけどね。さらに今度は少し経って、翌年、昭和十七年の二月頃には、これは里見岸雄という人に喋った言葉なんです。この時はシンガポールを攻略したあたりで、日本軍は……。

丸谷　沸き立ってる頃ですね。

半藤　「勝つ目途《めど》があってやってるわけじゃないんだから、負けるんです。やらなければならないからやってるだけ。第一に、鉄砲の弾がまったくありません」と。石原莞爾は日本陸軍の実力を知ってるわけだから、醒《さ》めてたんですね。

丸谷　兵站《へいたん》の問題というものを考えて戦争をするという視点は昭和の陸軍にはなかったわけでしょう、石原莞爾以外には。現地徴発主義みたいな楽天的な発想でやってたわけだから。

半藤　いまの僕たちみたいなもんですよ、金もないくせに高い買い物したりして（笑）。

丸谷　これはまた予言と言えるのかどうか分からないんだけれど、一九四四（昭和十九）年にアメリカのSFの雑誌がクリーヴ・カートミルの「期限」という小説を載せたんだって。科学者たちが原爆開発を研究しているという短篇小説。それで、そのプロジェクトの名前が「ハドソン川計画」。アメリカ政府が極秘で進めていた「マンハッタン計画」とあまりにも名前が似てるから、諜報部が飛んできた。でも、どうもこの編集者はなにも知らないでやってるらしいと（笑）。

半藤　知ってたらやりませんよ（笑）。

丸谷　それで、戦争が終わるまでは原爆開発関係の記事、小説は一切載せないでくれと言いつけたんだって。そしたら編集長が頑として応じなかった。いま急に載せなくなったりしたらかえって敵に気取られるじゃないですか、と。……こういうのは偶然と言うのかなあ。

半藤　そういうの当たる時があるんですよ。作家の感性が無意識にそこにたどり着くということがね。

丸谷　それはやっぱり、予言は荒唐無稽なものもあるけれど、合理的なものもあるということですね。

僕が新潟高等学校で歴史を教えていただいた植村清二先生が、昭和二十年の四月に、まだ残ってる文科二年か三年の学生十人ぐらいを前にして特別講義をされた。僕は戦争に行ってていなかったんですが。最初に黒板の上に「アフター・ウォー」と英語で書いて、それから大きな世界地図を描いた。そして、世界はアメリカとソビエトの支配下になると、そういうことを論じたんですって。

半藤　はあー。

丸谷　日本は負けるなんて一言も言わないんだって（笑）。

半藤　言わなくても分かりますよね。やっぱり、見える人には見えるんですね。最後に、イギリスの歴史学者アーノルド・トインビーさん、当時は英国王立国際問題研究所研究部長の予言を。一九三二（昭和七）年に、政治学会で喋ったのが残っておりまして、「日米戦は必ず起こる」と。とても早い時期から未来を見通していたことになる。

丸谷　すごいなあ。

半藤「その時は中国、ロシア、カナダ、豪州などが米国の同盟国として日本と戦争する。結果として日本は完全に壊滅する。日本が壊滅するだけじゃなく、イギリス帝国主義が没落する。何となれば、アメリカと一緒になってカナダ、豪州、ニュージーランドあたりが俄然力を持つから、イギリス帝国主義は没落する」——全部、怖いくらいに当たってます。彼の眼を通すと、イギリス帝国主義が没落するのは、歴史の必然だったということが分かりますね。本気で歴史を勉強した人には、こういう形になっていくに違いない、ということが正しく推理できる。

丸谷　いやあ、すごいもんだねえ。歴史の勉強は役に立つものなのですね。

半藤　本当にそう思いますね。しかし考えてみれば、二十世紀から二十一世紀の変わり目の時には、あんまり予言は出ませんでしたよね。なぜなんでしょう。

丸谷　僕はやっぱり、九・一一の衝撃があったのだと思います。

半藤　あ、なるほど。あれでもう……。

丸谷　もう未来の見通しがまったく立たなくなったし、みんな予言をする気力を失っちゃったんじゃないかと。そう思っていたのですが、今日、二十世紀の予言をいくつも振り返ってみて少し考えが変わりました。われわれが生きている「いま」にも、必ず何か未来につながる予兆があるはずなんです。たとえば水の問題とか、食糧問題とか。評論家もそうだけれど、ことに政治家はそれを見逃さないようにしなければなりませんね。

無責任論

野坂昭如

&

半藤一利

野坂昭如（のさか・あきゆき）
昭和五年、神奈川県生まれ。作家。著書に『エロ事師たち』、『アメリカひじき・火垂るの墓』（直木賞）、『てろてろ』、『赫奕たる逆光―私説・三島由紀夫』、『同心円』（吉川英治文学賞）、『ひとでなし』、『文壇』（泉鏡花文学賞）、『戦争童話集』、『かくて日本人は飢死する』、『少女M』、『世なおし直訴状』（共著）、『野坂昭如リターンズ』、『野坂昭如ルネサンス』ほかがある。平成二十七年逝去。

無責任の自嘲性

野坂　最近、食べ物の中からいろんなものが出てきて、べつにどうということはないのに新聞が騒ぎ立てている。少し前までは、食べる人間が匂いをかいで臭かったり、味見して酸っぱかったら食べるのをやめたし、あるいは焼くなり煮るなりしていたわけだけれど、いまはそういうことはしないで「賞味期限」に頼りすぎている。たしかに雪印も無責任だったが、世間様にしても本当はそんなに怒っているわけじゃないにもかかわらず、マスコミに煽《あお》られて許せない気分になっている。どちらも無責任だ、ということなのでしょうか。だいたい、人間が食べるものを食う虫を食べたって、死にはしません。

半藤　焼跡派のわれわれにとっては当たり前のことだったたし、いまだってそうだもの。私たちには普通だったことがいまはそうじゃなくなっている、という例はたくさんある。それを伝えてこなかった責任はあるように感じます。そのあたりを話しましょうか。

　私は、もともと人間みんなチョボチョボと思っている人間ですから、国士的に偉そうなことを言う人はあまり好きではないんです。でも、野坂さんと永六輔さん、小林亜星《あせい》さんがやってらっしゃる「世直しトリオ」は好きなんです。押しつけがましくなく、余裕があってユーモラスですから。

野坂　分際《ぶんざい》を知っているんですよ。

半藤　そこで一つ聞きたい。どう世直ししたいのですか?

野坂　いや、あれは適当に掲げているだけです。

半藤　でも「世直し」という歌も歌っていますよ。

野坂　あの歌は、(日本)音楽著作権協会という団体がいい加減なことをやっていたから、そういうことはやめよう、ということで作ったんです。でも、喧嘩をしたっていまの仕組みの中では負ける。せめておもしろおかしく騒ぎ立てることで、皆さんに分かってもらおうとしただけです。

半藤　音楽著作権協会という団体に対する批判を突破口に、世直しをする気があったのではないですか?

野坂　そんな世間様のためにというような親切心はない。それにしても、最近は無責任、無責任と言いすぎてやしませんかね。

半藤　そうかもしれません。

野坂　組織の中における責任なのか、ある制度の中での責任、無責任が問われるのか、あるいは個人としての責任が問われるのか。いまはモラルの面まで踏みこんで責任を追及したりし始めていますが、無責任な男でいることも、その人にとっては一つの生き方かもしれない。

半藤　そうですよね。自分の信条を貫く生き方をしていても他人からは無責任だと言われたりする。

野坂　戦時中の〝アカ〟や、ある時期の〝右翼〟という言い方と一緒で、〝無責任〟という「記号」で語られてすまされてしまう。昭和三十七年でしたか、植木等《ひとし》の『ニッポン無責任時代』という映画がヒットしました。戦時中、また戦後は日本国民の責任が言われ、負ければ負けたで敗戦の責任が追及された。責任、責任とうるさく言われていたのが、しばらくして無責任に生きていいということになったわけです。しかし植木等や青島幸男には、無責任に生きることの難しさも分かっていたのです。責任を取らなくていいというのは気楽でいいが、といって自分のアイデンティティを確かめる術《すべ》もなくなってしまった。だから、やや自嘲的にサラリーマン稼業が気楽だと歌ったんです。

半藤　私も自嘲的な歌として聞いていましたよ。

野坂　いまの銀行を見ていると、バブルと言われた時代にカネを貸すだけ貸しておいて、国から総量規制のお触れが出たとたん、カネを引き揚げた。昨日まで借りろ、借りろと言っていたのが、今度は顧客が潰《つぶ》れようが何しようが返せ、返せと言う。顧客とのそれまでの関係や、地域の産業を育成するという銀行本来の業務を一切無視したうえに、自分たちの目論見《もくろみ》が狂い企業努力が足りなかったことを棚に上げて、金融パニックが起きてはいけないからと、国からの援助を受け入れる。ならば自分たちを厳しく律しているかと言えば、そうでもない。どうしても無責任な連中に見えてしまう。しかし、法律を犯していれば、それは犯罪であって、責任、無責任という問題ではありません。今日は半藤さんと、責任とは何かをはっきりさせておきたいと思います。

戦争責任と敗戦責任

半藤　昭和天皇の戦争責任という難しい話から始めましょうか。天皇陛下が責任を取らなかったから戦後の日本は無責任社会になった、と言う人が意外に多くいますが、私はそうは思わない。

野坂　僕も、まったく違うと思うな。

半藤　法の上で戦争責任は昭和天皇にはないのです。モラルの点から言っても責任はないのではないでしょうか。戦争を避ける努力を精一杯やったと思いますしね。

野坂　戦争について責任を議論する時は、ただ、勝ったか負けたかです。負けたのだから敗戦責任はある。あきらかに馬鹿馬鹿しい作戦をやったわけですから。牟田口廉《むたぐちれん》也《や》や冨永恭次《とみながきょうじ》、あるいは乃木《のぎ》大将だって、とんでもない敗戦責任だ（笑）。でも、そういうことを言わないできたところに日本の風土、文化があるわけです。西洋と日本の責任の取り方は違うわけですから、責任におけるグローバリゼーションなんてナンセンスだね。日本には日本だけの責任の取り方があるでしょう。天皇について言うならば、天皇が責任を取る、取らないの前に、戦争と責任をくっつけるというのが……。

半藤　おかしいんです。古今東西の戦争の起こりを見れば、一、二の例を除いて誰の責任でもないことが分かります。もしあるとすれば、人類の責任かもしれない。

野坂　人間とは戦争をする生き物ですからね。天皇の戦争責任を論じることほど虚しいことはない。

半藤　でも、みんなそんなことを言うのです。

野坂　天皇の戦争責任をうやむやにしたことが戦後の日本の品位のなさとかお行儀の悪さに結びつくと言う。そういう言い方はおかしいですよ。銀行の無責任をはじめ、食品メーカー、警察、近年では三菱自動車が欠陥をずっと隠していたということで無責任だと言われましたが、これは企業の体質の問題で、責任、無責任の問題ではないと思います。日本の資本主義の未熟さというものでしょう。
その点、法律は責任を実行する一つの手段であるという立場を徹底的にとるアメリカは、大変な責任社会ですよね。弁護士がたくさんいて、とげとげしい世の中になっています。一方で、日本は腹芸《はらげい》でものを言ったり、多少責任問題の生じることをしでかしても、うまくいったら適当に誤魔化しておけばいいとか、あるいは「お互い様」と言ったりします。そういう社会だったのです。そこへ、責任のグローバル化が押し寄せてきた。何か責任をつくらなきゃいけないと言って天皇の戦争責任を言ってみたり、それが日本人を無責任にしたと言ってみたりする。日本民族はこのままでいいのかと憂える人は多いが、あまり責任、無責任をゴタゴタ言うことはないと思います。
半藤　アメリカではいま、弁護士がものすごい力を持っているそうです。いちいち責任を問う社会なのですね。日本もこれからそういううるさい社会になっていきますよ。これから弁護士がますます力をつけてきます。日本もこれからはもう、無責任社会なんかじゃなくなります。かちかちの責任社会になってしまう。一億総監視時代です。漱石の『草枕』じゃないが「とかくに人の世は住みにくい」（笑）のです。
野坂　やや逆説的な言い方ではありますが、成熟した社会とは、明日は明日の風が吹く、ケ・セラ・セラ（なるようになるさ）という文化を持った社会ではないでしょうか。

西欧的な考え方、あるいは日本的な約束の世界の考え方で見るとずいぶん無責任に思えるし、犯罪や社会問題は日本より多いかもしれないけれど、のんびりしていていい。言ってみれば無責任な社会のことを成熟社会と言うんじゃないかとも思います。その意味ではアメリカは成熟していない。だからなんでも責任、責任と言って、責任の代行者としての弁護士をむやみにつくるのです。

繁栄犯罪人

野坂　半藤さんの住んでいた長岡の話ですが、長岡に住んでいた人はまさかこんなところに空襲が来るわけがないと思って、ずっとボケッとしていたようですね。でも、長岡にも空襲はやってきた。空襲で亡くなった人を率で見れば、日本一ひどい被災地だった。いまの日本は戦時中の長岡と似ていると思います。流れのままに暮すばかりで、なにも具体的に行動しようとしない。戦争は特別な状態だったから終えられましたが、繁栄は自らの力で終えることはできません。

半藤　それはできませんね。倒れるまで頑張るしかない。

野坂　となると、立ち腐れるより手がない。それでも、食べ物さえあれば大丈夫ですが、いまの日本はこの発想力がない。戦争中のほうがまだまともでした。農業国家でしたし。いま日本が急にインフレになったら円の信用はガタ落ちになって、誰も日本にはものを売ってくれなくなります。その時どうするのか、ということについて具体的なことをきちんと言う人がいないことが問題です。

半藤　分かっているけれど、みんな黙っているんです。私たちの年代より上の政治家は、いままでもっとこの問題を考えてこなくてはいけなかったのですが、どうせ近い将来に死ぬんだと分かっているから無責任だったのです。

野坂　七十歳以上の連中は、存在そのものが無責任（笑）。責任の取りようがないもの、死んでしまうのだから。

半藤　それと、私たち自身にも戦後日本に責任があるように思います。それほど重要な立場にいたわけではないけれど、国づくりに際してのモラルとしては責任がある。

野坂　それは僕ものすごく感じていますよ。いずれにしても、日本人は戦前と比べて醜くなった。存在が醜くなってしまいました。日本人の典型がなくなってしまった。僕みたいないいかげんな、プレイボーイ上がりはダメで、半藤さんのような日本をリードする出版社の幹部でいらした方が、かくあるべき人間の典型になるべきだったんです。

半藤　何をおっしゃる野坂さん、です。それはじつに不埒《ふらち》なもの言いで、むしろ私たちは野坂さんのような立派なものを書く人たちを押し立てて原稿を頼んで、筆の力で日本の国をよくしてくださいとお願いしてきたじゃないですか（笑）。

野坂　半藤さんからお願いされたことなんかいっぺんもないよ（笑）。

半藤　そんなことはない。直接ではなくても、編集長として部下に命じて間接的にお願いしてきたのです。本当は私なんかより野坂さんのほうが責任大ですよ。それを、存在そのものが醜いなんて言って逃げ腰になるのはダメです。

野坂　それが無責任（笑）。

半藤　そう、そう（笑）。いけませんな。

野坂　ともかく、戦後すぐは飯が食えればよかった。だから僕は、憲法発布《はっぷ》の日も、内容も知らなかった。そんなことより、食うことが先決。ちょうどこの頃、坂口安吾《あんご》の『堕落論《だらく》』を読んだけれど、内容が馬鹿馬鹿しく思えた。このオッサン何を言ってるかと。俺たちは切実に知っている。

半藤　いまでも思い出すのですが、戦争直後、共産党の徳田球一《とくだきゅういち》の国会演説を新聞で読んだんです。彼は「憲法よりも何よりも、国民は飯を食うことが先決だ」と言っていた。共産党はいいことを言う、と当時は同感しました。

野坂　それから、だんだん豊かになっていきました。朝起きると新しい電気製品があった。夢がかなっていくんですね。夢がかなうということは、抽象的ではなくて、とても具体的なものでした。飢えがなくなり生活が便利になった。この快適さに流されて、その時下の世代に伝えるべきことを伝えなかった。われわれは「繁栄犯罪人」とでも言うか……。

半藤　私たちの年代は、無意識のままに便利さがいちばん尊いものになっていましたね。

野坂　子供とのつき合い方にも、年相応に本来あるべき姿というのがあるはずなんです。僕らは数えで七十一歳ですが、昔のおじいさんは僕らよりずっと威厳があった（笑）。

半藤　たしかに私たちは威厳がなさすぎますね。

野坂　昔は典型としての父親とか祖父がいたものです。そして、そうした人間の責任は、人間の分際、あるいは資源がない国の分際として、何が大事で何が必要なものであるかを、ただ無意識に受け入れるのではなくて、けじめをつけてきっちり教えることでした。僕らは幼児のままずっと来てしまったのですね。焼け跡の上をうろついて、飯を探して歩くようなところが身体のどこかにしみこんでいる。それが、高度経済成長時代になると、新しくて便利なものが向こうからやってくるものだから、それを受け入れるたびに豊かになっていく。誠にけっこうな時代でした。そうした時代を断ち切ったのが、パソコンです。パソコンだけは、はいどうぞと受け入れられなかった。この時初めて、新しく来た文明の利器とのつき合い方について考えるようになったのです。しかしパソコンには負けないよ(笑)。

半藤　私は死ぬまで文明の利器とはつき合わないつもりです。文明の利器にふり回される人生なんてゴメンです。

もっと姿かたちのいい国に

野坂　僕らは明治維新の頃に生まれた人を祖父に持っています。だからまだ、親を通じて明治の香りが体内に少し残っています。いまの若い人たちにはそれが伝わっていないでしょう。明治がいいとか悪いとかではなくて、この島国で生きるうえでの人間の知恵が、少なくとも僕らの世代までは残っていたのですが、いまや断絶してしまった。終戦後まもなく朝日新聞に連載された「ブロンディ」という漫画に毒されてしまいましたね。日本は物量に負けたのだから、物量を豊かにしなくてはいけないと言われたんです。こちらが腹を空《す》かしている時に、漫画の主人公の亭主は夜中に電気冷蔵庫から大きなサンドイッチを出して食べるんだ。

半藤　あれは不快だったね。サンドイッチが大きすぎた（笑）。

野坂　僕は不快じゃなかった。羨《うらや》ましかった。

半藤　私は不快だった。極端な言い方をすれば、日本は敗戦でそれまでの生活の基準を全否定してしまいました。倹約とか慎ましさといった、日本人が持っていた基準を否定してしまった。大きく言えば、文化そのものを否定した。

野坂　負け慣れていなかったんですね。負けるということは、こちらがただ戦争のやり方がヘタクソだった、それだけのことでしょう。もちろん、人は多く死んだし、相手にも迷惑をかけた。でも、戦争とは歴史の中にいつか埋没する事件にすぎない。それなのに、二十世紀に起きた一つの事件をきっかけに、何千年か受け継がれてきた島国に生きる人間の知恵を捨ててしまったんです。

半藤　敗戦直後の日本人は、とくに大人たちはお粗末でしたね。

野坂　とくに僕らの父親世代がお粗末だった。負けてシュンとなってしまった。そのかわり女が元気になった。もともと農村社会は女がいなければ成り立たなかったものが、女がさらに強くなって、男の中に潜在的にある女への恐怖感が顕在化してきました。昔は父親が月給を持って帰れば、その日は家族全員が父親の稼ぎによって養われていることに感謝し、父親を大いに尊敬したものです。父親は父親で、生半可な知識でもって「最近の三国同盟は」とかなんとか、偉そうなことを言ってね。みんないまどきのニュースキャスターくらいなことは言っていたわけ。ちゃんと床柱《とこばしら》を背負って。あるいは、四季をきちんと感じていた。どこの家に行っても短冊が掛けてあったんです。

半藤　そうそう、短冊には季節の俳句がきちんと書いてありましたね。季節によってそれを取り替える。

野坂　そういう、この国に生きる人たちが心豊かに生きてきた習わしを、たった一度の戦争に負けてひっくり返してしまったんです。そうして基礎もないままアメリカさんのものを受け入れてしまったから、いつだってジーパンとTシャツ、ちゃんとした格好をする時は結婚式だけで、上から下まで黒い服を着て靴下だけは白を履くというようなことになってしまうんです。基礎を知っていてそうするならいいけれど、そうじゃない。とにかく日本には基準がなくなってしまった。

半藤　野坂さんのおっしゃるように、日本には江戸時代まで、島国に生きる知恵がありました。いうなれば圧搾《あっさく》空気のようなものがあって、その上に国家が乗っかっていたのです。それはつまり、礼儀作法とか、自然を大事にするとか、足るを知る気持ちとか、そういう文化伝統の上に日本人が全部一緒に乗って生きていた。ところが明治になって近代国家をつくろうとした時、あろうことか神国《しんこく》意識を圧搾空気にしてしまったんです。欧米諸国にはキリスト教があり、皆この上に乗っかっている。だから日本も、ということだったのでしょうが、戦争に負けた瞬間に、それさえもなくしてしまったんです。

野坂　アイデンティティをなくしてしまった。

半藤　ところが、それを戦後日本はつくり直さなかった。こんどは地べたにそのまま乗っかってしまったんですね。

野坂　それは申し訳なかった（笑）。

半藤　「おまえ、金儲けばかり考えちゃいけないよ」とコントロールしてくれる〝精神の基準〟がなくなってしまったから、それぞれが儲けるために好き勝手やっても止めようがないのですね。企業はもともと発展する使命を持っているのですから、道義的にどうだと言ってみたところで、ダメですよ。要するに、戦争に負けたあと、私たちが圧搾空気としてつくらなくてはいけなかったものは、次の新しいプリンシプル、国家的に合意できるアイデンティティは何かということだった。

野坂　それが平和とか民主主義になってしまったんですね。民主主義はけっこうだけれど、それは金ですね。単なる制度にすぎない。

半藤さんは国民共通のアイデンティティとして「圧搾空気」とおっしゃったけれど、僕の言葉で言えば、近代国家をつくる時に、国家の中心になるものを持ってきてしまったんです。我が方としては、四面を海に囲まれているから、べつに中心になるものを持ってこなくてもよかったのです。でも、近代国家なるものは何かを中心にして法律や制度を整備しなくてはならない、ということで、平田《ひらた》篤胤《あつたね》や国学の延長で天皇を玉《ぎょく》として奉ってしまった。奉っているうちに、それが見かけ上、日本人にうまく合ってしまったから、戦いに臨み、天皇を祭り上げて、最終的には天皇をうまく利用しようとしたわけです。戦後、僕らは天皇に代わる価値をつくってくることができなかった。島国に生きている僕らが守りたいと思うもの、それは決してグローバルなものではなくて、島国の問題です。

半藤　私たち自身の問題ですよね。日本人としての。

野坂　日本にはいろんな文化が吹き溜まりのように集まってきたのです。たとえば人殺しの道具として伝わってきた種子島《たねがしま》（火縄銃）にしても、日本人の手にかかると美術品に早変わりしてしまう。あの種の知恵を、日本は近代化を進めるうえにおいてなくしてしまったんですね。敗戦を初めて経験した日本は、焼け跡の上に国をつくり直す時にアメリカの真似をしすぎた。憲法が押しつけだとか押しつけじゃないとか、そういうことを言いたいのではなくて、平和主義、民主主義、個人主義、自由主義と、「主義」と名のつくものは何も考えずに受け入れてきたことが問題だった。

半藤　その点においては後先《あとさき》を考えない民族でしたね。

野坂　戦争で本当にバカみたいにそれまでを否定した。あそこで「自然」というものを考えるべきだったと思います。日本にある豊かな自然を、いちいち天皇と結びつけないで、これと共生することを世界に先駆けて考えていたらよかった。経済大国にはならなかったかもしれないが、もっと姿かたちのいい国になっていたと思います。六百何十兆円という国の債務が残るほど無理をしなくてもよかった。そして、この間に大思想家が出てきてもよかったのだけれど、出てこなかった。本来なら僕らの世代で出てくるべきでした。

半藤　出てくるべきでした。でも勉強不足でした。なにしろ中学二年にして勤労動員で軍需工場に引っぱり出されて、ロクな勉強もしてこなかった。

野坂　僕らの少し上の世代には優秀な人がいたと思いますが、かなりの方が戦争で亡くなってしまった。そして僕らは、戦争のために基礎的な勉強ができなかった。

半藤　そうですね。私たちの生まれた昭和五年前後には文学者はたくさんいます。野坂昭如、開高健、曽野綾子……。しかし思想家となると……。

野坂　僕らが四十歳くらいになった時、ちょうど日本は高度経済成長の時でした。そこではっきり、これからの日本について、イデオロギーとは関係なく、人間の本当の生き方を考え語る人がいればよかったんですが、みんな右か左かというイデオロギーに毒されてしまった。

半藤　そう考えると、昔は偉い人がいたものです。明治、大正と続くなんでも西洋かぶれの近代国家は危険であると言ったのが夏目漱石です。つまり、天皇中心の神国意識に基づく圧搾空気の上に国家を乗せようとするのは、将来危ないと警告しています。『三四郎』の中の「亡《ほろ》びるね」という言葉ですね。あの時代には、他にも同様の警鐘を鳴らした人はいましたが、戦後は誰もいませんでしょう。

野坂　高橋和巳《かずみ》が長生きしていたら、あるいはという気もします。いるとすれば、京都学派から出てきたでしょう。

「足るを知る」感覚

半藤　先ほど野坂さんは「自然」ということを考えるべきだったと、いみじくもおっしゃいましたが、司馬遼太郎が同じことを言っているんです。私は司馬さんが亡くなる一年前に会って話をしましたが、その時彼はこう言ったのです。つまり、

「われわれは孫、曾孫《ひまご》に、山が美しいと言えない、川が綺麗だと誇れないこんな国を残して、本当に申し訳ないよ。ただ、いまなら間に合うかもしれない。いまこそ私たちが言い出して、国民全員が合意できないまでも、一億の八割くらいの人が合意できることはあるんじゃないか。それだけを唱えようじゃないか」

と言うのです。それが、「自然をこれ以上、壊さないことにしよう」ということでした。われわれは無我夢中で働いてきたが、戦後日本というのは欲望拡張の連続だった、そうして自然を平気でどんどん壊してきたけれど、まだ間に合うんじゃないか、これ以上、壊さないということを言おうじゃないか、と言いました。私はそれに賛成しまして、では自然を壊さないというのはどういうことか考えました。やはり、私たちの生活は現在の状態で十分だ、もうこれ以上、欲望の拡大はしません、便利に、便利にと世界を広げないで、ここでけっこうです、と留まることではないでしょうか。

でも、一億の人にはたして合意できることなんでしょうか。

野坂　日本的な社会主義の中ではできないでしょう。

半藤　ああ、そうでしょうね。強烈な反対論者がかならず出てきますな。

野坂　日本は資本主義社会だとは思えないんです。どう考えても「日本式」という冠をつけたくなる。逆に言えば、そこがつけ目かもしれない。ＳＦ風に考えると、天皇をもっときちんとした形で置いておけばよかったという気がします。この際、忍び難きを忍び、耐え難きを耐えて、世界の情勢に少し逆らうことになるが、経済成長をやめ、自然を守ることにしよう、とかなんとか、ラジオでお話しいただく。終戦の天皇の言葉であれほど見事に武装解除した国民はいないですから、それと同じようにして自然破壊を止められるかもしれない（笑）。そんなフィクションを考えてしまうほど無力感を感じます。

いまの状態はにっちもさっちもいかない状態だと思いますが、なまじっか食えてしまう。僕なんかは直木賞をもらったけれど、とても小説だけじゃ食えないと思い、タコのようにあちこちに手を伸ばしていないと怖くて仕方がなかった。だから歌手をやってみたり、いまだってコマーシャルで畳を叩いている。

半藤　それは才能でしょう（笑）。

野坂　いや、貧乏性なんですよ。いま、若い人たちがフリーターと称してうろうろしているでしょう。時代が時代なら、あの連中はあっという間に食えなくなるんです。なのに、彼らには「食えなくなる」ということの想像力がまったくないことが問題です。そうした想像力を培《つちか》わせられなかった責任が、僕らにはあるように思えますね。

半藤　でも、これは私たち年寄りの直接の責任ではないですよ。

野坂　誰の責任？

半藤　団塊の世代の親御さんでしょう。

野坂　なるほど。とくに責任があって、でも気の毒なのが、僕らの上の世代かもしれないね。僕らの十五歳上の世代は、たとえば中曽根（康弘）、後藤田（正晴）、田中（角栄）といった人たちがいます。彼らの世代は実際に戦争に行って、負けてきている世代です。だから、僕らなんかよりずっと自信を失ってしまったんだな。帰ってきて着せられた民主主義の服は気色悪いものだったでしょう。だから極端になってしまって、左翼ならバリバリの左翼になってしまったんです。子供の教育の仕方も分からないまま育ってしまったのは気の毒ですね。それで、彼らの子供が、団塊の世代、全共闘世代です。

半藤　私たちより十五歳上の人たちは、本当に意気消沈してしまいましたね。私たちは終戦を中学三年で迎えた時、戦後の日本をどうつくるかという話がよくされましたが、授業で語られたのは文化国家をつくるということでした。「東洋のスイスたれ」という言葉が流行った時代です。いい響きを持っていますが、じつはこれは、日本を工業国家にしないためのアメリカの占領政策だったのです。言葉だけは「文化国家」と言っていましたが。

それが、朝鮮戦争で方針転換になって、「東洋のスイス」どころではなくなってしまった。その意味で、僕らより十五歳上の人たちは振り回され、挙句《あげく》の果てにアメリカへの追従ということになったのでしょう。それが自分たちの子供でもある団塊の世代に影響し、さらにその子供たちにまで影響している。

野坂　アメリカとのつき合い方についても、どこかできっちり、けじめをつけておくことも必要でしょう。アメリカの植民地として生きていくより手がないのなら、それはそれでいい。けれど、どこかでけじめをつけておかないと、対等のパートナーのようにおだてられて、結局はいいように利用されてしまいますからね。日本には反米感情の強い人もいれば、アメリカべったりの人もいる。皆どこか、コンプレックスを抱えたままずっと来ています。

半藤　本当は、私たちは六〇年安保の時にけじめをつけておくべきでした。でも、なんとなしに安保騒動が終わり、あとはいい時代になったため、真面目さを失いました。昔で言う特別二等車、いまならグリーン車といったところでしょうか。そういうものに乗ったフワフワした時代です。

野坂　話は少し逸れるけれど、あのグリーン車というのは、どうも具合が悪い。講演旅行のような時は主催者がそういった席を用意してくれるんですがね。

半藤　そういう席に座っているのを外から見られるのが嫌なんでしょう。私も同じです。

野坂　べつにカネの問題じゃないのです。不当な贅沢をしているという感覚ですね。この感覚を、きちんと自分の言葉にして次の世代に伝えておくべきでした。「足るを知る」というような感覚でしょうか。

半藤　「足るを知る」というのは、あくまでみずから「知る」ことなんですね。「足るを知れ」ではないんです。日本人の精神構造のプリンシプルと言えると思いますが、そうした意味での「足るを知る」というのは、一人ひとりの日本人が自分自身で知らなくてはいけないことなんです。人が強制するものではなくて、極意としてみんな知らなくてはいけない。ここから先は欲望を抑えます、自然を大事にします、というのは自分たちで決めなくてはいけない話です。それが資源のない、島国に住む私たちにとっていちばんいい心得だと思います。

野坂　結局は、「足るを知る」に至る知恵の伝達が大事なんでしょうね。でないと「知れ」になってしまいますから。

半藤　しかし、ここまで欲望の拡大が勝手気儘《きまま》になってしまっているいまの日本、はたしてできるのでしょうかね。

幕末から昭和へ
熱狂の時代に

宮部みゆき

&

半藤一利

宮部みゆき（みやべ・みゆき）

昭和三十五年、東京都生まれ。作家。著書に『我らが隣人の犯罪』（オール讀物推理小説新人賞）、『龍は眠る』（日本推理作家協会賞長編部門）、『本所深川ふしぎ草紙』（吉川英治文学新人賞）、『火車』（山本周五郎賞）、『蒲生邸事件』（日本ＳＦ大賞）、『理由』（直木賞）、『模倣犯』（毎日出版文化賞特別賞・芸術選奨文部科学大臣賞・司馬遼太郎賞）、『名もなき毒』（吉川英治文学賞）、『ソロモンの偽証』、『ペテロの葬列』ほかがある。

幕末のミステリーを歩く

半藤　宮部さんと私は、同じ都立墨田川高校の卒業生なんですよね。私の時は府立七中と言いましたけど。下町っ子同士なんだよね。

宮部　そうなんです。今日は「歴史探偵」でいらっしゃる大先輩に歴史のお話を伺えるのを本当に楽しみにしてきたんです。もう、伺いたいことがたくさん！

半藤　そうですか。

宮部　半藤さん、『幕末史』の中でチラッと、坂本龍馬《りょうま》という人は、ここまで伝説化されるほどすごい役割を果たした人なのかどうかは疑問だ、とお書きになってましたよね。

半藤　そうそう。龍馬の手柄のように思われている薩長同盟だって中岡慎太郎と土方《ひじかた》久元がすでに計画して動き出しているのにあとから乗っかっているだけですし、大政奉還の発想自体、勝海舟《かっかいしゅう》と大久保一翁《いちおう》に伝授されたことです。人物の魅力はすごくあったんだけど、独自の発想はなにもない。

宮部　私もそう思うんです。やっぱり司馬遼太郎さんの『竜馬がゆく』という小説が素晴らしくて、あれでみんな龍馬に惚れちゃうんですよね。ある種のカリスマ性があって、陽性の人で、人好きがしたのですね。

半藤　穏やかな人で、人の話を本当によく聞くし、弁が立つし、女にもモテたし。生涯二回しか怒鳴ったことがないけど、そのうちの一回は薩長同盟の時に桂小五郎《こごろう》のちの木戸孝允《たかよし》を怒鳴りつけた、と。「俺たちが命懸けでやっているのはなにも薩摩や長州のためじゃない、新しい日本のためだ」……本当かどうか知らないけど、かっこいいんです、ここが。

宮部　いいシーンですよねえ。居並ぶお偉方に向かって堂々と、つまらない面子《めんつ》なんか捨てろ、と言えるかどうか。

半藤　考えてみれば西郷も大久保もみんな迫力あるすごい人たち。今、新人議員が小沢一郎さんを怒鳴りつけるようなものでしょう。そんなことできる人なんていないよ（笑）。

宮部　「この若僧、誰や？」と無視されても仕方なかったところなんですね。それなのに、龍馬のエネルギーが、パッションが、通じた。

半藤　龍馬の後ろには海舟と大久保一翁という大物がついていましたからね。この二人がどんどん添え状を出して、龍馬は浪人にもかかわらず薩摩の島津斉彬《しまづなりあきら》、福井の松平春嶽《だいらしゅんがく》とか毛利《もうり》公とか、トップにすぐ会いに行ってる。普通は行けと言われたところで、そう簡単に殿様に会う気にならないと思いますけどね。

宮部　添え状を出させてしまう魅力、それを持って会いに行く行動力、そして会ってしまえばなんとかなっちゃうという……人物に大きな魅力があったのでしょうね。

半藤　宮部さん、有名な都都逸《どどいつ》の「何をくよくよ川端柳、水の流れを見て暮らす」というの、ご存じ？

宮部　はい。

半藤　これがね、坂本龍馬作だというんですよ、矢田挿雲《そううん》の本を読んでいたらそう書いてあるんです。伏見の寺田屋の二階から眼下の濠川を眺めながら作った、と。

宮部　エーッ！

半藤　それから、「咲いた桜になぜ駒つなぐ、駒が勇めば花が散る」、あれもそうだというんです。こんな有名な歌が、ほんまかいなと思うのですけどね。でも龍馬から乙女姉さんに当てた手紙なんか見ますと、ものすごく茶目《ちゃめ》っ気がありますから、ありえないことではない。高杉晋作の作と思われていたこの都都逸が、本当に龍馬作だとすると、龍馬は粋な才気のある人だということが非常によく分かります。漢学の素養がないことも分かるけど（笑）。かえってよかった。

宮部　私思うんです。もし龍馬が殺されずに生き延びていたら、今で言うマルチタレントみたいな存在になったんじゃないかしらって。あるいは演劇などの海外の芸術を日本に紹介したり、美術品を買いつけてくるようなこともやったかもしれない。とにかく、その才気と魅力でいまで言うメディアの大人気者になって、結果的にお金持ちになったんじゃないかなあ。

半藤　おもしろいねえ。それは宮部さんの卓見《たつけん》ですよ。大体多くの人は、龍馬が明治まで生きていれば実業家になったと言うんですよ。

宮部　もちろん実業でお金儲けもできたと思いますけど、飽きちゃったと思う。で、「俺のつくった会社、あとは頼む」って渋沢栄一とかに任せて、早い時期に世界一周旅行なんかしたりして……。明治の世では、幕末とはまったく違う華やかで楽しい人生を送った人なんじゃないかと思います。

半藤　それで天寿を全《まっと》うしたら、森繁（久彌）さんみたいに国民栄誉賞（笑）。いやいや、大いにありえますね。でも実際は本当に早くいなくなっちゃった。龍馬が活躍したのはわずか五年間なんですからね。

宮部　その五年を走り抜けた。幕末に果たした役割とともに、悲劇的な亡くなり方をしたということもあって、歴史の中に「星」として残ったのかなあとも思いますね。

半藤　宮部さん、龍馬を殺したのは誰だと思いますか？

宮部　いやあ、本当に諸説紛々ですよね。私はですね、まあ実行犯は……捉まって自白した見廻組《みまわり》の今井信郎《のぶお》なんじゃないのかなあって。そこにはトリックはないだろう、ぐらいまでしか考えられないんです。

半藤　斬ったのは間違いなく佐々木只三郎《ただざぶろう》や今井信郎らの見廻組ですよ。ただ、龍馬が近江屋にいることをどうやって彼らが知ったのか、極秘情報を彼らに流したのは誰なんだ、ということですよね。その黒幕は誰か？

私はね、それは薩摩だと思っております。大政奉還して一大名になった徳川家はそのままでいい、賢人を結集しての共和政治をすればいいという非戦派の龍馬は、断固倒幕の西郷と大久保利通にとって、邪魔な男になったんです。

龍馬が殺される前日大久保は鹿児島から京都に着いたんですよ。おそらく彼が龍馬の居場所を探り当て、見廻組にそれを流して……という説を私は立てていますが、証拠物件は一切なし（笑）。ただ、状況証拠はあるんです。

宮部　えっ、なんですか？

半藤　西郷さん、土佐の重臣の後藤象二郎《しょうじろう》を呼びつけて「なぜ龍馬をむざむざ殺させたっ！　おまえたち土佐藩が守らなきゃいけなかったのに」と異常に怒って見せている。不自然なほどにね。

宮部 ……そういうの、ある（笑）。ここはひとまず怒って見せておかないと、と。

半藤 そうです。それからもう一つ、大久保も、龍馬が十一月十五日に殺されると、十六日から三日連続で岩倉具視《ともみ》に手紙を書いているんですが、これもまた「殺《や》ったのは新撰組だ」とか「惜しい！　惜しい！　こんな立派な人物が」と、かなり大げさ。これもいかにもわざとらしい。

宮部 言葉と態度では嘆いてるけど、じつは喜んでいる様子が伝わることって、たしかにありますよね。なるほどねえ。

半藤 私から見れば、二人ともはしゃぎすぎ（笑）。

宮部 高田崇史さんの『ＱＥＤ　龍馬暗殺』というミステリーが、非常におもしろいんです。龍馬が近江屋でまったく反撃できずに殺されてしまったのは、怪我がもとで手が利かなかったんじゃないか、と。それまでに寺田屋で襲われてますから、右手の親指と人差し指あたりに深い傷を負っていて、もう動かなかったんだと。それはね、龍馬が書いた手紙を順を追って見ると字が変わっていくから分かるんですって。

半藤 へええ、今まであんまり聞いたことない話だね。

宮部 初期の手紙と、暗殺直前の手紙と、実際の写真が提示されてて。たしかにぜんぜん違うんですよ。私なんて「ええーっ、本当だ」と納得しちゃうんです。

半藤　それはおもしろいなあ、手紙は実物がたくさん残っていますからねえ。

宮部　そうやって考えていくと、歴史は本当におもしろいですね。一つの事件でも解釈によって違う見方ができて。だからこそ歴史は人を惹きつけるんですよね。

志士たちの明治

半藤　宮部さんは、幕末の志士の中で誰が一番好きなんですか？

宮部　じつは、龍馬にも新撰組にもそんなに興味は湧かないんです。やっぱり一番は、勝海舟。半藤さんと一緒。

半藤　おっ、嬉しいですね。私は昔から勝海舟が好きなのですけど、福沢諭吉のおかげで慶應系の連中がみんな嫌い。衆寡敵《しゅうかてき》せずで、なかなか味方がいなかった、今まで。

宮部　いやあ、すごくかっこいい人ですよね。最近、勝海舟の『氷川清話《ひかわせいわ》』をちょっとずつ読んでいると、時代を超えて読者の立場も超えて、普通の生活の中でも役立つ言葉がある。「勝先生、こういうことってどうなんでしょう」と聞きに行きたくなります。

半藤　ほんと、そうですよねえ。幕末の人材を見渡しても、新しい国家はどうあるべきかということをいちばん初めから見通していたのはこの人ですから。どうもね、大久保利通は別として、革命を起こして国家をぶっ潰《つぶ》したあとに一体どんな国をつくりたかったのか、その青写真が新政府の要人からは浮かんでこないのですよ。桂小五郎はまあ、一所懸命考えてるけど、たいしたことない。

宮部 桂小五郎って、ドラマでも大抵はかっこいい役者さんがやるから、子供心にあこがれてました。でもやや官僚的で、龍馬にあるバイタリティーみたいなものには欠ける。いざという時に立場を超えて人を怒鳴りつけたりはできませんよね。

半藤 まずできませんね。ちょっと気の毒だったのは、彼は英語がまったくできなかったこと。

宮部 あ、それは影響が大きいかも。

半藤 そうなんです。あの時代、英語が分からないのは大変なハンディキャップだった。明治四年に岩倉使節団でみんな海外に行ってますよね、桂、もう木戸孝允ですが、その時ノイローゼになったらしいです。ちなみに、大活躍したのが、英語ができた伊藤博文なんですね。

宮部 語学は大切なんですね。

半藤 日本人はみんな西郷さんが好きですけど、本当に心から好きな人は、西郷さんは全部分かってて西南戦争への道を選んだのだ、と言いますね。新しい国家に侍は必要ない、だからこの連中を全部あの世に連れていって大革命を完成したんだ、と。

宮部　そこまでじつは決意していたということですか？　形としてすごく美しいですけど、でも他にもいろいろな説がありますよね。西郷さんはじつは侍を連れていって、軍隊を指揮する兵隊として養成するつもりだった、とか。

半藤　たくさん説はあります。とにかく西郷さんという人は、どうにも分からない。司馬さんだって理解できなかった。

宮部　えっ、そうですか。

半藤　『翔《と》ぶが如《ごと》く』という小説を読むと分かります。最初の頃は西郷さんのことを一所懸命描いているんですが、途中から大久保利通に比重が移る。

宮部　西郷さんて、ある思いを持って見る人にはそのように読み取れるところをいっぱい持っている不思議な人ですよね。だから、多くの小説のテーマになるし、いままでも尊敬されてるし。半藤さんも西郷さんがお好きですよね？　『幕末史』も、西郷の西南戦争で終わっています。

半藤　本来、われわれ江戸っ子にとっては憎い薩摩の野郎なんですが、困ったことに嫌いになれないんだよ（笑）。子供時代から「上野の山の西郷さん」に親しんでますしねえ。小学校一年の遠足って大抵あそこじゃない？

宮部 そう、そうなんですよ。私もあのへんでお弁当とか食べてました。だからずーっと知っている近所のおじさんみたいな存在なんですよね。小説の中の西郷さんの話を読んでも、どこか割り切れない気持ち（笑）。

半藤 こういう大人物は本当に困りものですね。

二・二六事件と私

宮部 歴史の楽しみ方って本当にたくさんありますね。私、『忠臣蔵』の舞台を歩いたことがあるんです。吉良《きら》邸から泉岳寺《せんがくじ》まで歩いたんですけど、泉岳寺には毎年討ち入りの日にそのルートを歩いているサークルがあるんですって。

半藤 へえー。

宮部 毎年恒例でお昼にお蕎麦を食べるお店も決まっていて、「もう十回目なんです」って方も。

半藤 十回も歩いて楽しい道かねえ（笑）。私もじつは一回だけ歩いたことあるんだけど、くたびれて途中でタクシーに乗りました。

宮部 私は全行程、寄り道もしたから十六キロ歩いたんですけど、東京もこうやって歩くとおもしろいねえ、って。

半藤　宮部さんは二・二六事件をテーマにした大作『蒲生邸事件《がもうてい》』をお書きになってますが、青年将校たちのとったルートは歩きましたか？

宮部　鈴木貫太郎邸を襲撃した安藤輝三大尉の歩兵第三連隊ルートを歩きました。六本木の、いまの国立新美術館あたりから出発して、軍人会館だった九段会館も見て……小雪がちらつく寒い日でしたから、まさに二・二六事件の日と同じ状況でした。

半藤　私も『昭和史』を書いた時に歩きましたよ、やはり寒い日でね。いやもう本当に寒かった。

宮部　なぜかそうなってしまう（笑）。

半藤　青山ツインタワーの隣のいま都営住宅になってる所が第一師団司令部。鈴木貫太郎襲撃と警視庁占拠が目的だった安藤隊は、営門を出て右へ曲がると第一師団のまん前を通っちゃうから、避けた。そうすると、第一師団の目をかすめて、青山通りの、東宮御所《とうぐうごしょ》前の高橋是清《たかはしこれきよ》邸を襲う役割はどこがいいのか……それで、いまのTBSのところにあった近衛《このえ》歩兵第三連隊がいい、ということになった。

宮部　近いから。

半藤　そう、それが間違いだったのですよ。なぜなら近衛第三連隊には、宮城《きゅうじょう》占拠という最大の目的があった。二・二六事件のいちばん重要な役割だったんです。それなのに、目的に対してまっすぐに進まずに、途中で寄り道的に人を一人殺して行くなんていうのは……これはね、絶対に阿呆な計画なのです。

宮部　心理的に無理がありますよねえ。いくら固い決意で決起していたにしても。

半藤　人間はやっぱりね、人を殺したあとにもういっぺん、拳銃を抜いて、敵でもなんでもない相手を殺せないんですよ。近衛第三連隊の中橋基明中尉は、半蔵門から入って守衛隊司令部まで行ったことは行った。そこで大高という少尉と睨《にら》み合って、両方が拳銃を抜いたけれども、そこで先に拳銃を仕舞ったのは中橋中尉。引き金を引く勇気がもう出てこなかったんじゃないでしょうか。だって相手はいつも顔を見ている同じ近衛連隊の仲間だからねえ。それでも、一言「殺せ！」と言えば部下がやったでしょうが、中橋さんはもう……。

宮部　できない、と。

半藤　そう、高橋是清を殺した時、気力はもう燃焼し切っていた。その瞬間、宮城占拠という大計画が完全に潰れちゃったのですね。

あの時、歩くルートに近いかどうかなんてことじゃなしに、人間の心理というものをよく考えて計画を立てていたら、結果は違っていたかもしれませんよ。

宮部　半藤さんは、二・二六事件の時のことを、何か覚えていらっしゃいます？

半藤　残念ながら、まだ六歳でございましたので、あまり覚えていません。その頃私は向島に住んでいて、雪が降っていてラジオが何かわけの分からないことを言ってたのかな。親父が「表へ遊びに行ったらいかん」と言うから、まあ、寒かったし、その日はともかく遊びに出かけなかったような気がするけど。

宮部　うちの父は九歳でしたから尋常小学校三年生かな？　学校はとにかく休みだったと。祖父も仕事に行かず一日中ラジオを聴いていたみたいです。とにかく交通機関がすべて止まってて、雪のせいかと思ったらどうも違うようだ、と、そのくらいの感覚だった。

半藤　いまと違って、国会議事堂周辺に地下鉄が通っているわけじゃないしね、中央で何か起きていてもよく分からなかった。

宮部　ちょっと離れた町だと、もう、何か中心のほうで起こっているみたいだけどなんだろう？　という感じですね。

半藤　いまならもうテレビにかじりついて大変だと思うけど。現場まで行っちゃったかもしれないな（笑）。

宮部　半藤さんと保阪正康さんの共著の『昭和の名将と愚将』が大好きで、私ももう何度も読んでいるのですが、やっぱりこの二・二六事件で統制派が勝ち組となって、敗れた皇道派の有能な人たちがみんな追い払われてしまったことが、戦争で道を誤った原因なんだなあ、ということが分かりました。本来は国を担うような人材ではない器の人たちも偉くなったから。

半藤　宮部さんの『蒲生邸事件』はね、歴史を知らなくても大変におもしろい小説なんだけど、事件のことをちょっとでも知っていると、真髄が見えてくる。宮部さんがこの中で何を本当に書こうとしているのかが分かって、ものすごくおもしろいんですよね。

宮部　ありがとうございます。私がこれを書こうとしていた頃って、二・二六と言えば青年将校。かっこよくてドラマがあるね、という感じ。ある種、純粋な若者の悲劇、という捉えられ方でした。それで、事件に関して書かれたものはたいていが、青年将校の決起の物語がメインなんです。その基点となった「相沢事件」のことは書かれていない。松本清張さんの『昭和史発掘』では永田鉄山《てつざん》が白昼暗殺されたこの相沢事件が大きく取り上げられていますけど。これがなければ二・二六もなかったのに、意外に知られてないのはなぜなんでしょう。

半藤　おそらく、相沢事件から始めると、わけわかんなくなっちゃうからじゃない？統制派と皇道派の、誰と誰がエースで、これがどういうふうに絡んで、というのを解き明かしていたら面倒くさくて仕方ないんですよ。

宮部　そうか。早く青年将校が出てこないと、主役が出てこないから興ざめしちゃうのですね。

半藤　二・二六事件は陸軍内部の権力争いであり、戦略観の抗争だったのですが、それよりもあのあとに陸軍はこの事件を脅しに使いました。それが問題でした。「私たちはいいんですよ。ただ、若い者が黙ってはいませんよ。何をするか、分からんですな」って軍のトップが言えば、財界人だろうが政界人だろうがみんな命が惜しいからブルッと来て、言うことをきいてしまうようになった。

終戦の時も、もっとサッサと終戦に持っていけなかったのかと思うのだけど、そうはいかなかった。陸軍が何をするか分からないという恐怖があったんです、重臣たちの間に。木戸幸一なんて最後まで「大丈夫か、大丈夫か」と怯えてた。「かまわん、命を懸ける！」と言ったのは首相の鈴木貫太郎だけですよ。

宮部　歴史にイフはないのですけど、でももし青年将校たちが計画どおりに宮城を占拠していたら、そして、あそこでもしのちに首相となる鈴木貫太郎が死んでしまっていたら、終戦はどうなっていたのか。やはり考えてしまいますよね。

熱狂の時代に生きる

半藤　あの時代の暗い話題が続きましたね。ちょっと文藝の話にいきましょうか。

宮部　文藝春秋の「オール讀物」という雑誌名って、あらためて考えると不思議な名前ですよね。

半藤　オールっていうのは昭和の初め、花柳界《かりゅうかい》かなんかの流行語だったらしいですよ。「そちらと私はオールセーフだわ」なんて言って（笑）。

宮部　へえー！

半藤　カタカナ文字は、大正時代のモガモボの残り香もあったんです。だから、顔に似合わずモダン好きの菊池寛は気に入ってつけたけど、社内では反対の意見も多かったみたい。軽すぎる感じがしたのかもしれませんね。

宮部　いま、「オール」って言うと単純に「徹夜する」ことを言うんですってね。大学生の姪に聞いたんですけど、「オールでカラオケやった」とか。私は「オール」（編集部）とカラオケさせていただいてますけど（笑）。

半藤　ホーッ、まったくモダンな香りはしませんな（笑）。

宮部　ここに八十年前の創刊号からの目次があります。吉川英治、直木三十五、菊池寛に谷崎潤一郎……教科書に出てくるような人がみんな寄稿している。日本の文藝誌ってすごいですよねえ。文藝に特化した雑誌が長い歴史を持ってるって、他の国では珍しいでしょう。

半藤　そうでしょうね。しかしこの創刊の頃の目次ののんびりしたこと。「剣道、柔道、拳闘座談会」だって（笑）。

宮部　でもこの頃の日本って、不穏な空気が満ち始めている時代なんですよね。二・二六事件勃発は「オール」創刊から六年後、昭和十一年ですから。

半藤　昭和五年の創刊の前の年にウォール街の大暴落がありましたから世界的不景気で暗いし、日本も『大学は出たけれど』なんて映画が流行っていました。でも、一方ではどんどん発展もしているんですよね。私の親父とおふくろが結婚して向島に家を建ててるでしょう。当時の向島なんて田んぼばっかりのところにどんどん家が建ち始めて……。

宮部　住宅地が拡大していったのですね。

半藤　隅田川にかかっている橋、吾妻橋、新大橋、永代橋と両国橋の四つは昔からありますが、これらも大改修や建て替えられたり、それ以外の橋、たとえば白鬚《しらひげ》、言問《こととい》、駒形《こまがた》、厩《うまや》などは全部この頃に作られたものなんです。というのも一九二三（大正十二）

年のワシントン軍縮条約で、本当は戦艦を作るはずだったのにダメになって鉄が余ったから、橋をガンガン作った。拡張工事も多くて、東京の街はあちこち工事中だったはずです。

宮部 いま、大不景気と言われてますけど、ディズニーランドに行けば、どこが不景気なんだ？　というくらい人がいっぱいいます。おせち料理も高いものから売れていくっていうし、高級ホテルの年越しパーティーは満員だというし。大変なところはあるけど、儲けていて活気があるところはある。昭和の初めもきっと同じだったんでしょうね。

半藤 昭和六年に日本は満洲事変を起こして、翌年満洲国をつくって、世界でいちばん早く不景気から回復し始めたわけです。

で、おそらく菊池寛以下、文藝春秋の幹部たちは、世の中は不景気だけども、娯楽を求める人間の空気は強いんだ、と見越した。いわば時代の憂さ晴らしとして大衆小説が求められているということで、雑誌「オール讀物」を創刊したんじゃないでしょうかね。昭和五年と言えば、ちょうど大衆化社会の始まりの頃ですから。

宮部 読書の習慣が知識階級のものになっちゃった明治を経て、また大正デモクラシーで広がって……昭和初期は一種、江戸時代に戻った感じですよね。江戸では庶民が芝居を観ていたし、貸本屋で借りてみんな本を読んでいて、日本人は昔から読書の習慣を持っていたんですものね。

半藤　菊池寛さん自身よく「もっと文藝は大衆のものにしたほうがいい」と言ってましたから。とはいえ、やっぱり時代は窮屈になり始めていましたから、たとえば現代小説で人妻との密通とか、その筋のものを斬ったりしたら削除・発禁になってしまう。憲兵の犯罪、なんて書いたらたちまち拷問《ごうもん》にかけられますよね（笑）。その点、時代小説の中で岡っ引きが何をやろうが自由だった。

宮部　だから大衆小説に時代ものが花開いたんですね。

半藤　大衆小説に時代の憂さの捨てどころを庶民が求めている一方、軍部では戦争への道を着々と進む。そんな時代の始まりだったんですね。

宮部さんは戦後生まれですから歌ったことはないでしょうけど「天に代りて不義を討つ」という歌知ってます？

宮部　あっ、知ってます。

半藤　「忠勇無双《むそう》のわが兵は　歓呼の声に送られて　今ぞ出で立つ父母の国　勝たずば生きて還らじと　誓う心の勇ましさ」。これ、私らが小さい頃は日の丸の小旗を持ってやたらと「て〜んに代りて♪」と歌ったんです。ずーっと、「出征兵士を送る歌」だと思ってたんですが、こないだなんの気なしに調べてみたら、なんとこれは日露戦争の時の歌。明治三十七年に、例の「汽笛一声新橋を……」の大和田建樹という人が作った「日本陸軍」という題の、十番まである曲なんですって。要するにあの「天に代りて不義を討つ」の「不義」は、帝政ロシアのことだったんですよ。

宮部 アメリカじゃなく、ロシア！　なるほどねえ。明治最大の脅威、まさか勝てると思わなかった強大な国のこと。

半藤 だからこそ天に誓ったのですね。で、日露戦争のあとは日本はずっと軍歌なんか作らなかった。そこに突然満洲事変が起こって召集をかけなきゃならなくなった時、何かよい歌はないかと思った時に出てきたのが「天に代りて」なんですって。日本陸軍もいい加減だねえ。それをずーっと歌ってた日本国民も悠長なんだけど（笑）。

宮部 またちゃんとそういう歌を見つけてくる人がいるのですね……戦争に向けて雰囲気を作るために、歌って効果的ですものね。

半藤 天に代りて……この歌詞は、当時の日本人には非常に効くんです。「天知る、地知る、我知る、人知る」んだからと言って、悪いことしたって天は知ってるんだぞ、と怒られたものです。

宮部 「天網恢恢疎《てんもうかいかいそ》にして漏《も》らさず」の「天」ですね。私も、「天罰」という言葉を聞かされて育ったギリギリの世代かもしれない。

半藤　そうです。私らなんか子供の時は皆天罰を相当に恐れていましたからね。だけど、戦後の日本人は、だんだん「天」というものを恐れなくなりましたね。これは大問題だと思います。第一に、この頃の人の殺し方が残虐すぎますよ。年に三つも四つもバラバラ殺人事件が起こるでしょう。

宮部　本当にそうです。毎日のように殺人が起きていて、それも、なんでこんな普通の人が殺されなきゃならないのだろう、なんでこんなひどい殺し方をするのだろうというのが多くて嫌になっちゃいますね。

半藤　犯罪件数自体は昔のほうが多かったかもしれない、貧しかったから。でもコソ泥とかね。二・二六事件のあとに起こった「阿部定《あべさだ》事件」なんて、〝下腹部〟をちょっと切っただけで……。

宮部　あれは今でも文学の香り漂う事件として歴史に残ってますよね（笑）。

半藤　世間を明るくしてくれた面もありました（笑）。ところが、現代の殺人事件の残虐さは、これはもう「天」を恐れる気持ちがまったくなくなってしまったとしか思えません。

戦後、日本人からなぜ「天」が失われてしまったのか。これは私の昭和史研究を通しての論なんだけども、一つには、戦前の私たちはあまりに「天」を信じすぎたんです。もともと日本人は熱狂しやすい民族なのだけど、日露戦争に勝ったあとから、それまで持っていた国民性がミスリードされていって、ある時点から変わってしまった。昭和十年代になると、天皇が神様になってしまって、日本は大国家なんだ、神の国なんだ、世界に冠たる国なんだ、ということになっちゃって、戦っているのは「聖戦」だから必ず神風が吹く、神風が吹く、と思いこんだ。それで戦争に負けた瞬間に、なーんだ、みんな嘘だった、神も仏もないよ、となっちゃった。信じすぎた反動で「天」を恐れなくなった。

宮部　ああ、なるほど。それでそういう教育はいけないというふうに封じこめちゃったから、「天」という思想のよかった部分も一緒になくなってしまったのですね。

半藤　そうだと思います。

宮部　半藤さんの『幕末史』を読んで、それから『昭和史』を読んで『昭和天皇独白録』を読むと本当によく分かるんです、歴史の流れと日本人の、もともと熱狂しやすい部分に火がつくと一気に、考えてもみなかった方向に行ってしまうということが……。太平洋戦争に行き着いた大きな要因がやっぱりそこにありますよね。

半藤　舞い上がって、判断を誤り、選択を誤り、道を見失うんです。

宮部　熱狂して、しばらく経ってから振り返ると、あの時代はなんだったんだろう？　と我に返ったようになって、なんと痛手の大きいことよ、とたしかに思う。その痛手を癒すことはできるのだけど、そこに至った自分たちの変調していた時の、熱狂のことにはもう触れたくないというふうになって、そしてまた同じことを繰り返してしまう……それは本当に哀しい話だし、恐ろしいです。

いま、社会に閉塞感が漂っていて、またパッと変わるものを求めて熱狂に向かいそうで怖い気もします。

半藤　怖いですね。とにかくいまの日本人は変わることを望んでいる。

宮部　現代の私たちがもし過去に行くことができれば、間違った歴史を修正できるという考えは、思い上がりだと思うんですよね。その時代に放りこまれたら、どうしようもなくその時の価値観に同化してしまうはずですから。

でも、中には時代の価値観に惑わされずに頑張れる人たちもいるということを、私、当時の貴族院議員の人たちのエピソードで読んだんです。軍部が次第に強大な権力を持っていく中で、少数ではあったけれど、それに屈せずにものすごく頑張って戦争への流れを止めようとした人たちがいる。まるで現代の私たちがタイムスリップして行動しているかの如く、いまに通じることを言ってるんです。「こんなことじゃ大変な結果になる、軍部の独走を止めなきゃいけない」って。これ読んでいると私にはとてもそんな勇気ないなあと……昔みたいな思想統制がいまあって、捕まって爪の間に針なんか刺されそうになったら私たぶん、〇・五秒で転びます！

半藤 一秒かからない？（笑）

宮部 かからないです。

半藤 ハッハッハ。私は一杯飲ませてもらったらたちまち転びますね（笑）。

宮部 いざそこまで行っちゃったら、それに抗《あらが》える勇気のある人なんて滅多にいないんでしょうね。だから本当は、何か権力を持った怖いものが、「拷問するぞ」と言ってくる、その前に止めなきゃならないんですよね。

半藤 そう、そこまで行ってからではもうダメなんです。

宮部 その手前でなくては止められない。

半藤 戦争への道というのはそんな急に来るわけじゃない。ジリジリと、つまらない小事件がいくつも起きていたり、それが重なり合って大事件となる。漱石が『吾輩は猫である』のなかで言っています。「凡《すべ》ての大事件の前には必ず小事件が起るものだ。大事件のみを述べて、小事件を逸《いっ》するのは古来から歴史家の常に陥《おちい》る弊竇《へいとう》である」と。ですから、間に合わなくなるずっと前からそういった芽を摘んでおかなけりゃならないのです。とにかく片っ端からです。

宮部　時代の熱に同調せずに、淡々と穏やかに頑張れるかどうかで、人間は真価を問われるんだろうなあ、と思うんです。変調に目を光らせて、熱狂に気を許さないことですね。

清張さんと昭和史

佐野 洋

&

半藤一利

佐野洋（さの・よう）
昭和三年、東京生まれ。作家。著書に『一本の鉛』、『二人で殺人を』、『華麗なる醜聞』（日本推理作家協会賞）、『隣の女』、『検察審査会の午後』、『推理日記』、『最後の夜』、『檻の中の詩』、『推理日記』、『自選短篇シリーズ』、『佐野洋推理傑作選』ほかがある。日本ミステリー文学大賞、菊池寛賞受賞。平成二十五年逝去。

推理小説作家・松本清張の誕生

――（司会・千街晶之）清張さんというと当初は芥川賞作家で時代小説作家というイメージが強かったのが、昭和三十三年に『点と線』と『眼の壁』を光文社のカッパ・ノベルスから刊行して、一気に推理小説作家として有名になりました。連載は『眼の壁』が「週刊読売」で『点と線』が「旅」という旅行雑誌ですね。「旅」はいわゆる小説好きの人が手にとって読むような雑誌ではなかったわけですよね。

佐野　ええ。ただ、編集長の戸塚文子《あやこ》さんという方は非常に推理小説ファンでね。清張さんの短篇を読まれて、長篇をうちでやってくれないかと依頼して、「旅」に書かれたようです。

――連載当時の反響はどのような感じだったのでしょうか。

半藤　私がいた文藝春秋はもっぱら「オール讀物」と「別册文藝春秋」が清張さんの舞台で、しかもほとんどが時代小説でした。だから「旅」に推理小説が載っているなんてのは、私は当時、意識してなかったような気がします。

佐野　『眼の壁』のほうはどんどん編集部に反響が来るのに、『点と線』にはまったく来ないので、どうもやる気が出なかったということを、あとになって清張さんがおっしゃってましたね。『点と線』の刊行後の反響について言えば、いまでは「点と点がやっと線でつながった」なんて、犯罪の説明なんかでも言いますけれど、それは『点と線』が出て初めて一般的な言葉になった。タイトルが流行語になり、普通の言葉として定着したわけです。こういう例は、あんまりないのじゃないかと思うんですよ。この間の厚労省の事件（注・二〇〇八年に元厚生事務次官宅が相次いで襲われた）でも、「埼玉と東京の二つの点がやっと線で結ばれた」とか、そういう使われ方をしてますでしょう。

——清張さんご本人は、推理小説を書いてあれだけヒットすると予想していたのでしょうか。

佐野 そうでもないと思いますが、ただ、ミステリーがお好きだったことはたしかですよ。

半藤 いわゆる昔ながらの探偵小説に対する不満は、ずっと抱いていた。

佐野 「世にも恐ろしい」とか、そういう形容過多のね。

——「お化け屋敷」と言っていますね。

半藤 ええ。だから、そのおどろおどろしさに対して不満は抱いていたみたいですが、私らの前では推理小説を書くなんて、言ったことなかったような気がするなあ（笑）。

昭和三十年、三十一年ぐらいまではね。

佐野　僕は昭和三十一年に「週刊読売」に載った短篇、「共犯者」を読んだのですが、そこには「芥川賞作家の探偵小説」とちゃんと書いてあるんです。芥川賞作家だということは知ってるけど、なぜ探偵小説を書いたんだろうと興味を持って、当時、僕は新聞社に勤めていたのですが、夜勤の日に読んで、あんまりおもしろいので他社の探偵小説好きに宣伝したことを覚えています。他にも『張込み』とか、ぼちぼち推理小説を書いてらしたことは書いてらしたんです。それで「旅」の戸塚さんが目をつけて、『点と線』が書かれることになったと聞いています。

――清張さんのトラベル・ミステリー的な小説がヒットしたのは、当時は現在のように気楽に日本中を旅行できる時代ではなかったので、旅に対する国民の飢えみたいなものにフィットしたということなのでしょうか。

佐野　それもあったでしょうが、ああいう現実的な推理小説が、それまでなかったことが大きいと思いますね。とにかく、おもしろかったんですよ（笑）。

半藤　デビューした最初の頃の清張さんは、まだ自分で旅行する余裕はなかっただろうと思います。戦後の困った時に箒《ほうき》売りをしていたと言いますが、あれで方々を歩いてるのですよ、九州一帯から関西まで。ですから、その時代の経験が生きているんじゃないですか。『張込み』には「S市」と書いてありますけど、あれ、佐賀でしょう。たぶんご自分が箒を売りに行かれた場所じゃないでしょうか。

――後年、海外も含めていろんな場所に行っていますが、取材目的ということがあるとしても、旅行好きではあったわけですか。

半藤　大好きでしたね、本当に。私も北九州一帯やカナダのセント・ジョーンズなどに一緒に行ったことありますけど、でも、「旅行は、半藤君、一人に限るよ」と盛んに言ってました。そう言いながら結構楽しそうでしたがね。だから、大ベストセラー作家になる前は、あるいは一人で行かれていたかもしれません。

佐野　地図を見るのが大好きで、このへんだったら舞台になるだろうというような当たりをつけていたらしいですね。

半藤　地図を見て、地形がくわしく読みとれる、分かるのだそうですよ。この先に小さな川があるはずだ、なんて言うから、よし、確かめてやろうと行ってみると、本当に川があって驚いたことがあります。

――清張さんの小説がきっかけで有名になった場所というのもいろいろありますね。

半藤　それはもう『ゼロの焦点』の能登金剛《のとこんごう》でしょうねえ。ここは清張さんの小説の発表後、投身自殺者がふえた。それで自殺願望者を思いとどまらせるための清張さんの歌碑が立っている。それから『点と線』の香椎海岸。あとは、『波の塔』の青木ヶ原樹海《じゅかい》でしょうか。あの小説の影響で、ここでも樹海で自殺する女性が何人も出たっていうでしょう。青木ヶ原というところは中へ入ると出られないと以前から聞いてはいましたが、それを推理小説の舞台にうまく使うなんて、誰も考えてなかったでしょうね。

飛行機のトリック

──『点と線』で、二人の刑事が（移動手段として）飛行機の可能性に気づくのが、わりと小説のあとのほうになってからなんです。あのあたりはいまの若い読者にとって実感が湧かないところだと思うのですが、当時の飛行機というのはどんなものだったんですか。

半藤　清張さんが『点と線』を連載していたのは昭和三十二年だけど、作中の年代はもう少し前でしょう。日本の空は、昭和二十七年に講和条約が発効して初めて日本の空になった。それ以前はアメリカの空なんですよ。「この空はわが空ならず秋の空」という誰の句だったか忘れましたが、ジーンと来た覚えがあります。ですから、逆にすぐに刑事が飛行機に思い至るとしたら、まあ、無理がありますよね。

佐野　当時、僕は北海道にいたのですが、北海道新聞には「本日の空の来道者」とか、逆に札幌から飛行機で出ていった人のリストが全部出ていたんですよ。そのくらい飛行機っていうのは特別なものだった(笑)。

――調べてみますと、『点と線』が書かれた頃は、まだ飛行機の年間乗客数が六十万人に届かないくらいで、昭和三十五年にやっと百万人を超してるんです。当時はまだお金持ちや会社の重役のための乗り物だったのですね。

佐野　そうです。あの頃は飛行機に乗る時に台秤《だいばかり》で体重を計ってたんですよ。子供を抱いている人は子供を抱いたまんま秤に乗って、総体重というのを見るんですよね。

半藤　列車食堂で食事して領収書が一人分だったというのが『点と線』の最初の手がかりでしょう。いま読むと誰もなんとも思わないでしょうが、あの列車食堂というのは、当時、ああ、乗って食べてみたい、と誰もが思ったもんですよ。

――非常に高級なものだったんですか。

半藤　高級で美味《おい》しいものに思ってましたよ、私らは(笑)。

――その十数年後の『黒の回廊』では欧州観光ツアーが描かれていますから、この間に日本人の「旅」はものすごく変わったわけですね。

半藤　清張さんの小説が週刊誌に載って大いに読まれたのは昭和三十三年ぐらいから

ですが、この頃、東京の人は郊外に家を建て始めて、通勤時間が延びていったんです。だいたい三十分とか四十分ぐらいですね。そうすると、週刊誌連載の一回分、原稿用紙十七、八枚を読むのにちょうどいいんだと、清張さん自らがおっしゃっていたことがありました。それで清張ブームと週刊誌ブームが同時に起こったんだと思います。この頃、たくさんの週刊誌が創刊されていますが、ほとんど清張さんが創刊を飾っての連載をやってますよ。

で、文藝春秋が「週刊文春」を出すのは昭和三十四年なんですが、連載小説を誰にするか検討した時、もう清張さんはいくつもの他誌に捕まっちゃってるんです（笑）。お願いしてもダメだろうというので諦めたんですね。あとで、「しまったねえ」なんて言って。あの頃は本当におもしろいぐらい創刊号がみんな清張さん。昭和三十六年頃に、長者番付一位（作家部門）にもなったんじゃないかな。

佐野　僕は『点と線』を読んで、清張さんというのは数学が好きだったんじゃないかなという印象を受けたんですよ。線というものは、面と面が交差した時に出来る。線は点の移動、点の集合で線になる。面が交差する場面を考えると、そこに壁が出来るわけです。だから、本来『面の壁』という題にしたかったのを、語呂がよくないので『眼の壁』にしたんじゃないかと……。

半藤　はあはあ、なるほど。

佐野　僕の勝手な説ですけどね。それから『ゼロの焦点』は、最初「太陽」に載った時は『虚線』という題なんです。そのあと「宝石」に移した時に『零の焦点』になった。「虚数」という概念は数学でも使われるものでしょう。どうも清張さんは何か題を先に渡さなきゃならなくて困った時には、数学の言葉から探したんじゃないかと（笑）。その『虚線』が、漢字の「零」という字に変わって、最終的には「ゼロ」になった。

半藤　「虚」を「ゼロ」にしたわけですね。

佐野　『ゼロの焦点』という題名は意味が分からないとよく言われていて、僕も最近までそうだなと思っていた。でも、ゼロを数字と見ると分からないけど、楕円と見ると、そこに焦点が二つある。だから、二つの焦点を結びつけるというような意味があったんじゃないかと思いついたんですよ。

半藤　ああ、ゼロは円ではなく楕円なんですね、考えてみれば。そうすると二つの焦点というのは……たぶん過去と現在。

佐野　ええ、そんなふうなことを、今日の対談にあたって考えつきましてね、ずいぶん嬉しかったんだけど（笑）。

半藤　「過去を隠す」ということがこの作品の主題ですし、それは大発見かもしれませんよ（笑）。『ゼロの焦点』は傑作でしたねえ。私ら、本当に感動して読みました。戦後の日本、実際にわれわれが腹を空かしながら生きてきた日本がそのままありましたから。当時の闇市、ＤＤＴ、「パンパン」と、戦後の混乱した日本のありとあらゆるものが描かれていますね。

佐野　過去を隠して生きてゆかざるをえなかった例というのは、きっと実際にたくさんあったのじゃないでしょうか。

——隠してきた過去が暴かれるというモチーフは、清張ミステリーには大変多いですね。

半藤　そうですね。まあ、戦後日本というのはそういう時代でした。元憲兵や特高、そして「パンパン」、みんなして過去を隠そうとしたのです。

——『落差』という作品では、戦前には皇国史観を信奉し、戦後は突然民主主義者に豹変した学者が出てきて、非常に辛辣《しんらつ》な描かれ方をしていますね。

半藤　あの学者にはそっくりのモデルがいるんです。名は秘すけれど（笑）。清張さんは、そういう変節、変身というか、人が自分の過去を誤魔化して時代のエースになることを本当に嫌っていました。

――なるほど。昭和三十四年に『小説帝銀事件』で文藝春秋読者賞を受賞し、三十五年の『日本の黒い霧』では「黒い霧」という流行語も生みましたが、「隠された戦後」というテーマで書いていたミステリーがそのままノンフィクション路線へと流れていったのは、ある意味で自然なような気がします。

GHQと官僚への執着

半藤　ノンフィクションを書き始めたのは、せっかく自分が取材で摑《つか》んだある種の確証が、小説として書くとまったくの絵空事と読まれてしまうのが残念だったんじゃないでしょうか。

佐野　実際、当時は絵空事に見えなくもなかったのですよ。たとえば、『日本の黒い霧』で「白鳥《しらとり》事件」を取り上げていますが、白鳥事件までCIC（G2（＝参謀第二部）指揮下の諜報部隊）のせいにするというのはちょっと行きすぎじゃないか、と読んだ時は思いました。（事件のあった）北海道でもCICが活動していたことがあとになって分かっているのですが……。

半藤　ええ、ぜんぜん根も葉もない話ではないのです。一連の事件の背後にすべてGHQの陰謀があったというのは、当時としてはとても信じ難くて、だから、大岡昇平さんはじめ、みんな「なんだいこれ、何でもかんでも犯人はGHQというのはやりすぎじゃねえか」と言ったんです。でも、清張さんは実際にいろんなことをご自分で見ているんですね。たとえば小倉《こくら》にいた時に『黒地の絵』で描かれた米黒人兵の脱走・暴行事件に身近に接しているけれど、これは世の中には一切発表も報道もされていませんから。

佐野　ええ。その事件のことは『半生の記』にもお書きになっていました。

半藤　『日本の黒い霧』を連載中、「どこでこのネタを摑んだんです?」と清張さんに何度もしつこく訊いたのですが、おっしゃらない。「そんなもの、君、企業秘密、いや永遠の秘密だよ」と(笑)。この一連の仕事は驚くべきものでしたねえ。

佐野　僕らは当時、白鳥事件を、日本の警察が北海道の共産党が強くなるのを抑えようとして起こした事件だと思っていたのです。それを、朝鮮戦争に絡んでGHQが関与していると見たのが清張さんの説で、いくらなんでもアメリカがそこまでやるかなあと思ったのだけど、あとになってみるといろいろ資料が出てくるんですよ。

半藤　新聞記者をやっていた佐野さんからご覧になっても、やっぱり無理に見えたところもありますか。

佐野　いや、ピストルの弾丸が一つか二つかというようなところなどは、清張さんの説明で、ああ、なるほど、おもしろいな、と思ったところもありましたけどね。

半藤　清張さんはＧＨＱの陰謀に対する執着を最後まで持ち続けましたね。平成四年の四月、私は清張さんが倒れるその日に、ちょっとうちまで来てくれと言うんで行ってたのです。なんの用事だったかというと、ＧＨＱの中に服部卓四郎《はっとりたくしろう》機関というのが存在していたんですね。服部が中心となった日本人の機関がＧ２のウィロビーを使って日本再軍備をやろうとしてるということを、清張さんは書こうとしていた。で、そんな話をして夕方の四時半になったので、今日は築地で客と会わねばならないのでここまでにして、明日の二時にまた会おうということに決めたのですが、清張さん、その夜に料亭で気持ち悪くなって、入院されてしまったんです。ですから、最後までＧＨＱの謀略を追っていた。私もお手伝いしましたが、服部機関の謀略的な話はだいぶ調査を進めていた。でも、亡くなった時、清張さんの書斎にメモか何かなかったかと聞いたら、なかったと言うんですよね。

佐野　それこそ、ＣＩＣが持っていっちゃったか（笑）。

——それにしても、そういった資料集めをお一人でやってらしたというのは驚きですね。

半藤　本当に、みんなお一人で調べていましたね。

佐野　いろんな人から話を聞いて、それで裏をとっていったんじゃないかと思うんです。『現代官僚論』の検察官僚の箇所で、最初のほうに安倍治夫という検事の話が出てきます。これは白鳥事件の時に札幌にいて、追平《おいだいら》（雍嘉《やすよし》）というのを捕まえた人なんです。で、追平に自白調書を書かせて、それはあとで出版されたんですが、その出版について、読売新聞の裁判所担当キャップが口を利いている。当時の状況を僕は先輩にあたるそのキャップから聞いて、清張さんに話したことがあるのですよ。そうしたら、『現代官僚論』に書く時、そのエピソードをその記者から聞いた話として出していいかどうか確認してくれと言われたんです。それで僕がキャップに電話したら、「記者として取材したものだから、それを他に出すわけにはいかない」と言われて。それじゃしょうがないということで、清張さんは情報源については触れずに書いています。そういうふうに、いろいろな筋から耳で聞いた話があるのだと思いますよ。

——清張さんは小説の中でも、日本の官僚システムを繰り返しテーマにしていますね。

佐野　汚れ仕事を一所懸命やらされているのはキャリアじゃなくノンキャリアで、彼らだけが捕まって、本当のことを言えずに死を選ぶという構造は、今でもありますね。それに対して清張さんはものすごく怒っていたんです。『現代官僚論』で書いた検察官にしても、キャリアの中でさらに東大出と中央大学など他大学出の差があるとか、法務省に入っても検事上がりとそうじゃないのとは出世が違うとか、そういう点についてのいわゆる公憤。

半藤　公憤は非常にありましたね、責任はノンキャリに押しつけて、キャリア連中が好き放題のことをしているということへのね。

佐野　努力して積み上げていくものじゃなく、キャリアになれば入省時の席次で全部決まっていくというシステムに対して、とても怒っておられた。

半藤　現在もそうですものねえ。ところで、『点と線』は間違いなく「造船疑獄」を背景にしてるんですよ。

——昭和二十九年の事件ですね。実際これに関連して、ノンキャリアの課長補佐が自殺しています。

半藤　そうそう。そういう意味では、清張さんは最初から日本の官僚システムに対する憤りがあったのでしょうね。

他に戦後というものの欺瞞《ぎまん》を扱った例としては、隠退蔵《いんたいぞう》物資の問題があります。日本軍は本土決戦に備えてたくさんの物資を集めていたのですが、戦後、勝手にその物資を横流しして金儲けする連中がいたんです。それを清張さん、『絢爛《けんらん》たる流離』と『考える葉』で描いています。『絢爛たる流離』では軍需省に勤めていたノンキャリの雇員を描き、『考える葉』のほうはやはり下ッ端の青年が主人公で、彼が事件を暴いていくわけです。私らもずいぶん隠退蔵物資で潤う連中を見ましたが、清張さんの怒りは強かったですね。

佐野　警察の隠し金というんですか、あれが署長の引っ越し費用なんかに使われたりして問題になったでしょう。まったく変わってないですよね。

――ちょうど清張さんが推理小説を書き始める直前の昭和三十一年に、『経済白書』の「もはや戦後ではない」という言葉が流行しました。でも、戦後は終わったというけど、そうじゃないんだよということを清張さんはずっと訴え続けてこられた印象があります。

半藤　これはよく言うんですけど、戦前の日本は「天皇の軍隊」と「天皇の官僚」だったのです。それが戦争して負けて、天皇の軍隊のほうは消滅した。だから、天皇の官僚も本当は消滅すべきだったのですが、ＧＨＱの政策上どうしても必要で、官僚機構をそのまま残して用いざるをえなかった。そしたら天皇の官僚じゃなくなった代りに、自分の省のための官僚になっちゃったのです。少なくとも国民のための官僚という意識は、戦前はもちろん、戦後すぐからもうエリート官僚にはないのですよ。

いまになって私たちは、官僚がなんだ、われわれ国民のための官僚じゃなきゃおかしいじゃないかなんて言ってますが、戦後日本のスタートからしてそんな意識はないまま、現在まで続いている問題なのです。そういう意味でも、清張さんが官僚に対する告発を一貫してやってきたというのは、すごいことですよ。

『砂の器』の衝撃

半藤　もう一つ、『砂の器』という傑作がありますが、ハンセン病をあの時点で正面から扱うというのは、大変なことだったんですよ。そういうところは正義感ゆえなんでしょうけれど、私ら、やっぱり勇気があるなあと思ったものです。

佐野　かつてはそれが人権侵害だとすら、みんな思っていなかったのですものね。

半藤　そう。疎外して、隔離して、存在しないかのようなことになっていましたからね。『砂の器』が出るまでは、小川正子の『小島の春』とか、北條民雄の『いのちの初夜』とか、せいぜいそれくらいしかありませんでしたし。

佐野　昭和三十六年当時の『砂の器』のインパクトは、それはもう大きかったですよ。後年の映画も非常によく出来ていましたね。

半藤　映画ではカットされているけれど、小説に、超音波の話が出てくるでしょう。超音波とか、方言の類似のエピソードって、当時の新聞記事で話題になっていたことなんです。私なんかも新聞で読んでへェーとなった。それをいち早く小説に採り入れている。清張さん、うまいことやってるなあ、と思ったけどね。

邪馬台国と戦後日本

――小説で本格的に古代史を取り上げたのは昭和三十九年の『陸行水行《りっこうすいこう》』が最初だと思うんですけれども、それ以前に「断碑」という、森本六爾《ろくじ》という若くして亡くなった学者をモデルにした短篇がありますし、明石原人を発見した直良信夫《なおらのぶお》をモデルにした「石の骨」という短篇もあります。当初から考古学に興味をお持ちだったのでしょうか。

佐野　清張さんは伊能忠敬《いのうただたか》について書いたことがあるんですよ。「忠敬が暦書に興味をもちはじめたのは四十の半ばからという。若いころから算法を好んだというが、……」というふうに書いていて、これはご自分のことじゃないかと思うのね。だから、以前から歴史には興味があって、それゆえに歴史学者の学説の発表のシステムとか、学会の通説みたいなものに疑いを持ったのじゃないかと思うんです。

半藤　もともと考古学はお好きだったんでしょうね。ただ、編集者としては清張さんの考古学は困りもので、担当者のところに「君は、この件についてどう思うかね」などどんどん電話で質問が来るんです。考古学なんて突っ込んで勉強したことないから、ずいぶん困りました（笑）。『火の路』（昭和五十年）の時もゾロアスター教について電話がかかってきましてね。冗談めかして「清張さん、もう考古学はやめましょうよ」と言ったこともあるんだけど、まったく聞いてくれませんでしたね（笑）。

――「小説推理」誌上での清張さんと高木彬光《あきみつ》さんの「邪馬台国《やまたいこく》論争」は、佐野さんが当事者だったそうですが。

佐野　ええ、高木さんの『邪馬台国の秘密』（昭和四十八年）を読んで、小説として不満があったので、そのことを編集者に言ったのです。すると、高木さんはあれを小説としてでなく論文として書いたんだとおっしゃっていると聞いて、それを「推理日記」に書いた。そしたら清張さんが僕の旅行先に電話をかけてきて、高木さんがこう言ったというのは本当かと聞くんです。そうだと答えたら、「私はあれを小説だと思っていたからなにも言わなかったが、研究論文だと言うのなら、言いたいことがある。それをどこかで発表したい」と言うので、「小説推理」を紹介して、僕が編集長の吉田（新一）さんに伝えたんです。

そこで感心したのは、その吉田編集長が「上と相談してから」などと言わず、「いいですよ、すぐ清張さんにお願いします。ついては原稿料はどのくらいでいいでしょうか」と即答したんですよ。それに対して清張さんは、「これは売りこみの原稿なんだから、原稿料はいらないと言っといてくれ」と。

半藤　ああ、そういうことをおっしゃる人でしたね。

佐野　で、清張さんがわりと丁寧に、「本格推理小説の先輩として尊敬していた高木氏が……」というような調子で批判を始めたのを、高木さんは完全に無視したんですね。それで、清張さんが「なぜ黙っているんだ」と伝えたら、高木さんからどこか宴席で話をして手打ちしようじゃないかということを言ってきて、清張さんが怒っちゃった。

半藤　手打ちの提案があったのですか。

佐野　ええ。そしたら今度は高木さんが「小説推理」に清張さんの文章が愚論、暴論だと書いて、それからが大変だったんです。邪馬台国の研究者が、自分の説を高木さんが盗用して小説を書いたということを推理作家協会に言ってきて、そしたら高木さんが、「私は推理作家協会を辞める。清張さんは会長なんだから、会長として会員を守るべきなのに、私を告発させようというのか、けしからん」と怒り出した。結局高木さんは亡くなるまで協会の会員だったんですけど、双葉社から文庫を引き上げたり、本来の論争から外れたところで尾を引きました。

——そんなことがあったんですね。

佐野　高木さんの『邪馬台国の秘密』は僕がちょっと間違いを指摘して、それで三十何版から直して、ということもありました。つまり、当時それだけ売れていたわけですね。

半藤「邪馬台国ブーム」って、ずーっと続いていたのですね。

——清張さんは、九州の伊都国に常駐していた「一大率」というのは魏の出先機関であったとか、卑弥呼というのは宗教的な権威であって、実権を持たない雇われマダム的存在であったということを書いてらして、これはもちろん清張さんなりの研究の結果なんでしょうけれども、なんとなくＧＨＱと日本政府という権力の二重構造をそこに重ねて見ていたのかなとも思ったりしました。

半藤　そういうふうに書いたものもあったように思います。もう少し分かりやすく言えば、魏と邪馬台国は、要するにＧＨＱと被占領下の日本みたいなもんだとおっしゃっていたような記憶がありますけどね。

佐野　占領と被占領という関係は全世界的にいままでたくさんあったわけです。そして、被占領国には必ずそういう出先機関が出来る。だから、清張さんとしてはそれを人間社会の本質的な仕組みだと見ても不思議ではない。

半藤　まったくそうですね。古代史学者の直木孝次郎さんが言っていたのは、歴史学者に――考古学者も含めて――必要なのはまず推理能力、それから批判精神、そしてその二つを結びつける構想力であって、これらを全部備えているのは松本清張だと。だから清張は学者としても一流なんだと言われた。門脇禎二さんも褒《ほ》めておられたし、最初の頃、学者は誰も清張さんを認めなかったけど、おしまいの頃は本当に評価されていたんです。

（構成・千街晶之／文芸評論家）

戦後六十年が
問いかけるもの

辻井 喬

&

半藤一利

辻井喬（つじい・たかし）
昭和二年、東京生まれ。詩人・作家。本名・堤清二。著書に『異邦人』（室生犀星詩人賞）、『いつもと同じ春』（平林たい子文学賞）、『群青、わが黙示』（高見順賞）、『わたつみ　三部作』（藤村記念歴程賞）、『虹の岬』（谷崎潤一郎賞）、『風の生涯』（芸術選奨文部科学大臣賞）、『父の肖像』（野間文芸賞）、『終りなき祝祭』、『鷲がいて』（読売文学賞）、『叙情と闘争―辻井喬＋堤清二回顧録』、『伝統の創造力』、『新祖国論』、『辻井喬詩集』、『続・辻井喬詩集』、『辻井喬コレクション』ほかがある。芸術院恩賜賞、文化功労者。平成二十五年逝去。

マッカーサーへの感謝決議

半藤　昭和二十六（一九五一）年のサンフランシスコ講和会議までを一口に「占領統治」と言いますけれども、仔細に見ますと、昭和二十三年までと、それ以降で分けたほうがいいんじゃないかと思うのです。二十三年の暮れから二十四年のはじめにかけて、GHQの日本占領政策がガクンと変わったんですよね。当時、私はまだ旧制の浦和高等学校の一年生でしたが、辻井さんは？

辻井　昭和二十三年というと、一九四八年ですね。旧制の大学（東京大学）に入った頃です。

半藤　昭和二十五年のレッドパージが象徴的なのですが、あの少し前にアメリカは「日本を共産主義の防波堤にする」と占領政策を方向転換した。

辻井　おっしゃるとおりですね。B・C級戦犯の追放解除をはじめ、極東（国際軍事）裁判だけを残して、昔の日本のリーダーをどんどん戻していきました。

半藤　一番の典型が岸信介さんですね。A級戦犯容疑者なんですが、二十三年十二月に出所、それが連合国に認められたということで、変な勲章になっちゃった。

辻井　僕の親父（堤康次郎）なんかも、岸さんの二〜三年あとに、公職追放を解除されました。昭和二十五、二十六年ですね。僕はその頃反・家父長制でしたから、「戦争中やりたいことをやったのが公職に戻れるなんて変じゃないか」と思いましたね。

半藤 若いころ反体制で相当やったほうですものね、辻井さんは。

辻井 いまになれば、何を隠そうという感じですが（笑）。おもにマッカーサーがリーダーシップをとったのでしょうが、当時のGHQの政策変更を、プラスと見るかマイナスと見るかで、歴史観も変わってくるのでしょうね。

ドッジというデトロイトの銀行家、いまの竹中（平蔵）さんみたいな人が、「インフレや過剰雇用といった竹馬経済はやめて、緊縮財政で財政を立て直せ」と迫った。これに対して、日本の経済界は「いまの弱り切った日本で緊縮財政を敷けば、経済は死滅する」と反対し、代表七、八人が辞表をとりまとめてGHQにぶつけようとしたのです。その頃の経済人は気概がありましたね。

半藤 ありましたね。

辻井 ところが、いよいよ辞表を出す直前になって、朝鮮戦争が起こった。日本の経済人は「神風が吹いた」と。

半藤 私なんか、こんな時に「神風」なんて言葉を使っていいのかと思いましたけどね。

辻井　僕もです。

半藤　しかし、GHQの改革指令に対して、日本政府はまったく無力でしたね。唯々《いい》諾々《だくだく》。しょうがないと言えばしょうがないんでしょうが。

辻井　昭和二十年九月二十九日付の新聞一面に、マッカーサーと天皇陛下が並んでいる写真が出ましたね。あれはショックでした。マッカーサーは開襟シャツで腰に手を当てて、左足を半歩前に出し、悠然としている。その横でモーニングを着た天皇陛下が直立不動で立っていて、いかにも敗戦国のリーダーがお詫びに行ったという感じ。しかも、訪問先は連合国軍総司令部ではなく、アメリカ大使館だった。変な話ですよね。アメリカが「俺のところに来い」と言ったとしか理解できなかった。あの時、「ああ、日本は負けたんだ」と思いました。

半藤　天皇陛下が会見に行った二十七日の晩、私は進駐軍放送を聞いてたのですよ。ヒ分からないなりに。そうしましたら「ヒロヒト・バウ」って盛んに言うんですね。ヒロヒトって天皇陛下だよな、バウってなんだろうと思っていたら、二十九日にあの写真が出て、「そうか。バウっておじぎをすることか」と。

辻井　ところが、日本政府がその新聞の販売を禁止した。マッカーサーは激怒して、責任を取らせるため「内務大臣を罷免しろ」と東久邇宮稔彦《ひがしくにのみやなるひこ》首相に迫った。いまの政治家だったら「ワシの知らんうちにやった」とでも言うのでしょうが、東久邇宮内閣は反発して総辞職する。そういう具体的な事象でも、日本中が自分たちの負けを実感しましたね。そして、財閥解体や男女同権、農地解放、教育制度といった諸制度の民主化がどんどん進んでいった。

半藤 激しかったですよね。

辻井 革命と言ってもいいでしょう。共産党がGHQの前で「万歳！」しましたからね。

半藤 米ソ対立による冷戦構造は、欧州では一九四六（昭和二十一）年頃から始まりましたが、アジアでは遅かった。一九四八～四九年頃は、まだ中国大陸で蔣介石《しょうかいせき》軍が毛沢東の中国共産党軍と戦っていましたから。しかし、どんどん南のほうに追い詰められ、中国は半分以上共産党の支配下になる。そして朝鮮半島も、米ソの委員会が出来て一つになるはずが、話し合いがうまくいかず、三十八度線で分裂する。それが、アジアの冷戦の始まりです。それで、アメリカが占領政策を変えたことが分かった。急激な右旋回です。「てめえの都合でよくぞ政策をあっさりと変えたもんだ」と思いました。

辻井 中華人民共和国の成立宣言が、一九四九（昭和二十四）年の十月です。間もなくして、朝鮮戦争になる。マッカーサーは根っからの軍人ですから、戦争がしたくてしょうがない。「中国を爆撃しろ。核兵器を使ってもいい」と言い出したので、トルーマン大統領がびっくりして彼を解任するわけです。

半藤　昭和二十六年四月ですね。

辻井　まだ青年だった僕は「マッカーサーは、天皇陛下がバウしちゃうぐらいだから、天皇陛下よりも偉いはずなのに、そんな偉い人をクビにできる人ってどんな人だろう」と思いました。アメリカン・デモクラシーというものを、頭では理解していたつもりでも、感覚として分からない。

半藤　私も、「アメリカ軍はシビリアン・コントロールだ」と言われて、頭では理解してたのですが、マッカーサーがあっという間にクビになっちゃったんで、「へえー、こんなことができるのか。これがシビリアン・ナントカか」と。

辻井　あれは驚異でした。デモクラシーというのはいいものだと思いました。

半藤　マッカーサーがクビになったとたん、国会が彼への感謝決議をするんですよ。そのあとにマッカーサー記念館を作るとか、マッカーサー神社、マッカーサーの銅像を作るとかいう話がつぎつぎに出てきて。私はマッカーサーが嫌いでしたから、「なんでこんなやつのためにそんなことをするんだ」と反発した。

辻井　感謝決議に反対した国会議員もいましたよ。共産党の今野《こんの》武雄という議員ですが、それに対し、「あのマッカーサー元帥への感謝を拒否するのは国辱だ。除名しろ」となった。さすがに除名にまでは至らなかったけれども。結局、あの感謝決議はどうなったんでしたっけ。

半藤　帰国後、上院の外交軍事合同委員会で、マッカーサーが「現代文明で計《はか》れば、アングロ・サクソン族やドイツ人は四十五歳だが、日本人は十二歳だ」って発言したのが伝わった瞬間、吹っ飛んじゃった（笑）。

辻井　マッカーサーが厚木の飛行場からバターン号に乗ってアメリカへ帰る時の各新聞の社説を、僕はプリントして持ってるんです。涙を流さんばかりの謝辞ですよ。某大新聞なんかは「バターン号から青々とした畑が見えるでしょう。あれはあなたの慈愛の象徴です」なんてことを書いている。全部同じ。朝日新聞もです。

デモ翌々日に「さあ就職だ」

半藤　戦後の日本の大人たちの変わり身の早さには仰天しましたね。まさに「昨日勤《きん》王《のう》、明日は佐幕《さばく》」でした。きのうまで私の尻をシャベルで引っぱたいて「貴様みたいな非国民は！」と言っていた先生が、今日は民主主義の旗振りですもん。それで呆気にとられた経験があるうえに、マッカーサーに対する日本人の変わりよう。

辻井　屈辱的なオマージュですよね。僕が通っていた成城高校でも、教師が「自分はもともと民主主義者だった」みたいなことを言い出すのに、ひと月かからなかったですね。成城は、わりあい最後まで自由主義的なものが残ってたんです。僕が入学した時はネクタイを締めてたくらいですから。それが、一年ぐらいしたら、「非常時にふさわしくない」ということで国民服みたいなのを着るようになった。僕は小生意気な少年でしたから、戦後になって、そういうことをした校長の追放運動を始めた。それが革新運動に入っていくきっかけでしたね。

半藤　辻井さん、昭和二十五年のレッドパージの時は？

辻井　学生ですから「レッドパージ反対」の旗を盛んに振ってました。CIE（GHQ民間情報教育局）が内幸町の昔のNHKビルの一番上にあったんです。そこへ抗議に行ったら、MPに囲まれちゃって、もう一巻の終わりだと思ったことがあります。

半藤　私は当時、東大駒場の二年生かな。校門のところで試験のボイコット運動をやって、運動部だったから頑強だろうと最前線に並ばされて、警官と対決しました。激しかったですね。職場から学校から、あらゆるところでいっぺんに首切りが始まって。

辻井　これも日本の大人社会は、アメリカの言うなり。

半藤　私は終戦時、旧制中学三年生でしたが、大学に入るくらいまで、戦後の新しい日本の建国は文化国家でいくものだと思ってたのです。「東洋のスイスたれ」と先生に言われてね。これからはスイスのように平和で文化的な国家をつくるんだとずっと思っていたら、ある日突然「これからは経済繁栄国家にするんだ」に変わっちゃった。朝鮮戦争のあとですね。あそこで戦後日本の国家目標がたしかに変わりました。

辻井　日本の国家の目標だったのか、日本を占領している連合国の目標だったのかどうか分からないですけれども。ところが、その前に、すでに法体系を含めたいろいろなことの民主的な改革がスタートしてしまっていますから、突然「文化国家から経済国家へ」「アメリカにとってのアジア基地になれ」と切り替えられて、経済界は喜んだけれども、社会の他のいろいろな層では、チグハグなことが起きていたのじゃないでしょうか。

半藤　朝鮮戦争が始まった一九五〇（昭和二十五）年から三年五カ月の間に、日本の産業界は、アメリカ向け特需で九億七千万ドルもかせいだというんです。当時は一ドル三百六十円ですから、ものすごい金額ですよね。

辻井　経済が息を吹き返したことはたしかですね。ドッジラインは吹っ飛んじゃった。経済至上主義でいけば、あれはまさに「神風」です。

半藤　昭和二十七年に独立国家日本が始まるんですけど、その時にはすでに親米的な通商国家、「経済大国日本を目指す」という国家目標に変わっていた。「文化国家」なんて誰も言わなくなりました。

本当は、いろいろな選択肢があったと思うのですがね。たとえば、それ以前から、日本の安全保障条約をどうすべきかという議論は、かなりあった。ですが、昭和三十五年六月に例の「騒動」になってしまう。それ以後、選択肢はなくなった。ちなみに、辻井さんは安保騒動の時はどこにおられましたか。

辻井　僕は政治家の親父の秘書をしていたかな。国会が開かれず、会社の事務所にいましたが、時々遠くからワーッというどよめきみたいなのが聞こえてきて、気になってしょうがない。自分も行きたい気持ちが半分ぐらいあるんだけど、そうもいかず、仕事を終えて十二時半頃に国会まで行きました。

そうしたら、もう一人もいなかった。周りの道路には、靴とかハンドバッグ、プラカードの燃えさしとかが散乱してましたね。催涙弾《さいるいだん》の紫色みたいな煙と臭気が漂って、戦場の跡みたいで。「俺は安保に反対する資格もない人間になったな」と、非常に情けなくなった覚えがあります。

半藤　私は、週刊誌の記者をしてました。会社が銀座の昔の電通通りにあって、すぐ裏のほうで機動隊とデモが揉めていた。私も辻井さんと同じで、六月十五日の夜半に仕事が終わってから、硝煙がたなびくところを見てきました。その翌々日が次の号の編集会議だったんです。その時に編集長が「次は『デモは終わった。さあ就職だ』というタイトルで特集をやろう。半藤君、キミがやれ」と言うのです。驚きました。そうか、いままで安保に一所懸命になってたけど、もう裏側ではそんな動きがあったのか、と。

辻井　いいセンスですね、その編集長。

半藤　上林吾郎《かんばやしごろう》という編集長で、もう亡くなりましたけどね。

辻井　ああ、上林さん。別の裏話ですが、あの時「デモの鎮圧に自衛隊を出せ」と言う政治家に対して、水野成夫《しげお》という人は「絶対に出したらいかん。出したら内乱になる」と、必死に反対してましたね。

半藤　当時は産経新聞社の社長ですよね。

辻井　ええ。いろいろな意見が飛び交ったけれども、結局、出さなかったのは正解でしたね。あの時安保が通っちゃったので、「阻止派が負けた」と言われたけれども、僕はそうは思わなかったですよ。新憲法の感覚が大衆化したな、もはやこれを覆すことはできないな、日本は変わったな、という気がしました。

平和憲法がつくった戦後

半藤　なるほどね。新憲法の大衆化、それは非常によく分かります。それから、あれよあれよという間に、日本は全国民総意という形で国家目標を経済大国に置いたような気がするのです。

辻井　そのとおりだと思います。理屈はどうあれ、「経済がよくならなければ話は始まらない」「経済大国を目指そうじゃないか」という、非常に平易で大衆に分かりやすい言質《げんち》で、一斉にそちらへと向かった。昭和三十九年の東京オリンピック、昭和四十五年の大阪万博を頂点にして、完全に経済至上主義国家になりましたね。池田内閣の時に「所得倍増論」を言うならば、その目標がＧＤＰベースで達成された時に、次はどうすべきかまではっきり見通しておくべきだった。

朝鮮戦争で立ち直るきっかけをえた日本経済はその後、十年ほど計画経済的な要素が続きます。「傾斜生産」という言葉に端的に現れているように、まずエネルギー、そして鉄鋼、電力といった基礎材の産業、その次が家電製品などの特定産業分野、自動車産業――。そこまでは政府が決めて経済を引っ張っていきました。経済政策用語で言う「ディベロプメンタリズム」、開発主義、官民混合経済とでも言いましょうか。

それで成功するわけです。たとえば家電業界でも、目標はアメリカの市場だと官が決めて、数社に資金も技術も労働力も集中し、アメリカ市場での競争に耐えうる製品を作らせる。そしてどんどん輸出を促進する。ついにアメリカの家電業界は全滅しました。

官民混合経済方式は、たしかに離陸の時期には有効なのです。ところが、その間に官僚が権限を握ってしまう。そうなると、「もういらないから退いて」と思っても、退かなくなるのですね。

半藤 戦後、GHQによるさまざまな革命によって、日本は大きく変わりましたが、戦前のまま残ったものが一つあって、それがいまおっしゃった「官僚」ですね。官民混合経済というのは、日本が最後の大戦争に向かう昭和十三年の国家総動員法の時につくった方式だと思うんです。その、官が決めて民を引っ張り、軍事大国をつくる、という方式が、戦後も生き残った。GHQが占領政策をうまくやるためには官を使ったほうがいいということもあったのでしょう。しかも、あの時の官は非常に優秀な人がいましたね。佐橋滋(通産官僚)さんとか。

辻井 佐橋さんは、その代表ですね。

半藤 下村治、宮崎勇、大来佐武郎《おおきたさぶろう》など、みんな優秀でしたよ。官僚がうまく引っ張った。昭和十三年の総動員体制が、戦後日本でも非常に有効に働いたのじゃないでしょうか。

辻井　そうですね。いまは「自由市場経済にしろ」という声が強い。ある程度、根拠はあります。ただ、経済人の認識レベルがそれだけの水準に達していない。たとえば、これは潰《つぶ》したほうがいいという自動車会社が出てきても、同じグループだということで助ける。集団主義です。それではグループ全体がダメになる。あるいは市場競争で劣勢になった企業が「武器を輸出させろ」と言って突き上げる。

半藤　その声がずいぶん高いですね。

辻井　あれは国際関係を冷静に見ていない人の無責任な発言ですね。

そもそも、自由市場経済か統制経済か、二者択一な問題の立て方は間違いです。これだけ経済が大きくなれば、基本的には自由競争をベースにしながら、必要なところは社会的な観点からチェックしなければならない。制限すべきものは制限しなければなりません。大きい政府か、小さい政府か、と言われれば小さいほうがいいだろうと思いますよね。民営か官営かと言われれば、民営のほうがよさそうだなと思う。しかし、「じゃ、自衛隊も株式会社で運営させたら？」と言うと「いや、それは……」となる。日本は昔から、「あれかこれか」の選択を迫るところがあって、具体的な議論をしないという傾向がありますが、デジタル時代、二進法の時代になって極端になりましたね。

半藤 ちょっとした持論があるんです。近代日本を見ると、明治時代は、国家の機軸を天皇制に置き、国家目標は「富国強兵」に置いた。司馬遼太郎さん風に言えば、「坂の上の雲」を求めて日本をつくっていったわけですね。そして、日露戦争で世界五大強国の一つだった帝政ロシアを破り、世界の強国の仲間入りをした。目的を達成したのですね。そうなると、日本は単なる富国強兵という国家目標では飽き足らなくなった。大正、昭和のはじめにかけて夢はどんどん大きくなって、アジアの盟主になろうとする。同時に、国家の機軸も立憲君主制では飽き足らなくなり、一部で「現人《あらひと》神《がみ》」、つまり天皇を神に奉って、軍隊だけではなく、政治も天皇に支配される軍事国家をつくろうとした。それが太平洋戦争に及んで国を滅ぼしてしまった。

そして戦後です。昭和二十六年の講和条約締結以後、独立国家となった戦後日本の機軸は、私は平和憲法だと思うのです。そして国家目標は、最初は文化国家、途中から軽武装の経済繁栄国家になった。

辻井 なるほど。

半藤 それで成功し、GDP世界第一位とか第二位とかいうところまで達した。そのとたん、日露戦争後の日本人が飽き足らなくなったように、いまの日本人もやっぱり飽き足らなくなったのではないか。

ちょうど年数的にも合ってるんです。だいたい四十年周期なんです。明治国家をつくり出してから日露戦争までが四十年。日露戦争から太平洋戦争が終わるまでが四十年。占領の六年間を外して、戦後日本をつくり出してから経済大国をつくり上げるまでが、これまた約四十年。そしていま、若い人たちは飽き足らない。何かを変えたくてしょうがない。平和憲法の問題も、とにかく機軸を変えたいのだと思うんです。

辻井　そうなんでしょうね。

半藤　ただ変えたいのですよ。いままでのじゃダメだと思いたいんです。哲学とか理念があるわけじゃない。もちろん、日本の明日への見通しなんかまったくない。

辻井　情緒だけなんですね。

半藤　大正から昭和にかけての日本のリーダーたちが、どんな結果を生むかをあまり考えずに「アジアの盟主」なんてことを夢見て、天皇陛下を「現人神」に祭り上げたのと同じ流れです。現状に飽き足りなく、我慢できなくなって、いま、憲法改正の大きな声になっている。そう思えてしょうがないですね。

辻井　非常によく分かります。「憲法を変えろ」という人に聞いてみると、極めて観念的で、非現実的なんです。いまの経済大国は、現憲法をベースにして構築したわけですね。たとえば中国との友好関係なしに、もはや日本の経済は成り立たなくなっている。情緒に流されて憲法を変え、軍隊を持てば、日本はアジアからいよいよ孤立して、経済はどんどん萎縮しますよ。そういうことを考えない。「ムシャクシャするから変えろ」という感じです。

半藤　そうなんです。へいこらお辞儀していることが我慢ならない。

辻井　この間の自民党の憲法改正草案を見て、僕はほんとガッカリした。思想的なものがぜんぜんない。あれから見えてくるのは、憲法を変えたいという気持ちだけですよ。中身がない。たとえば、なぜ憲法を変えるのかについて、明言していない。改憲派はたぶん、民主主義がよくないと思っているに違いないのだけど、それすら出ていない。建前としての民主主義尊重を書くから、次が続かないのですね。前文でも、天皇陛下を元首とするのか、いまのまま象徴とするのか、意見が決まってないんですよ。思想的レベルの低い政治家が集まった場合、いい憲法草案は作れないという見本ですね、あれは。

半藤　第九条に関しても玉虫色ですよね。

辻井　政治家に能力がない。それをカバーするには、玉虫色に限る。お役人の知恵が出ている感じですね。「こういう場合もありうる」みたいなことを書いておく。「軍隊が戦闘力を行使する場合もありうる」とか。いまとあまり変わらないじゃないですか。最初は「第九条が国の独立心をそこねている」と盛んに言っていたわけでしょう。そう書くなら、反対の仕方も明快なんだけれども、「ありうる」では。

半藤　反対するだけの言質を与えないようにしているんですよ。

辻井　お役人の特技ですね。余談になりますが、三島由紀夫さんに直接聞いたのですが、彼は大蔵省を辞めるまで、上司に「おまえみたいな文章の下手なやつは見たことない」と言われていたそうです。「いざという時にはどちらにでもとれるように書くのが役人の文章だ。おまえは何度言っても断定的に書く」と（笑）。三島由紀夫にとって、いちばん書けない文章だったのですね。

そういう役人文章が今度の憲法草案にも見える。やっぱり政治家だけでは作れなかったんだなと思いました。「反対のやつは出てこい。俺と公開で討論しよう」というぐらいの意気込みがなかったら、変える意味はないです。憲法改正論は、ある意味の理想主義、没理論的な思想です。困ったことに、経済人までそうなっている。僕の字引で「経済人」というのを引くと、最近は「思考判断力の低い人」と出てきます（笑）。

半藤　去年の夏、経団連の夏季講座の講師に呼ばれまして、話をしたら、経済人に憲法改正論者が多いのに驚きました。私は「憲法第九条を改正して自衛隊を日本の国軍にすると、軍事費が国家予算の中で相当な割合を占めるんじゃないですか?」と尋ねました。もう一つ、「軍隊をつくるとして、誰が統帥《とうすい》するんですか。シビリアン・コントロールだからと、いちいち忙しい総理大臣にお伺いを立ててやってたのじゃ間に合いませんよ。昔の日本陸海軍は、天皇陛下をだまして軍の力学によって勝手に動いた。ああいうことが起きることも考えられると思いませんか?」と言った。そうするとみんな知らん顔になる。

辻井　とても不思議なんだけれども、政治的、社会的な意識と、現実的な経営者としての認識とが分離していて平気なのですね。少し前の話ですが、ある自動車メーカーの会長さんが、「いまの若者はけしからん。一駅でもタクシーに乗る。あんなことじゃ日本は弱くなるばかりだ」と言う。僕が「お気持ちは分かりますけれども、そのおかげであなたのところの製品は売れてるんじゃないですか?」と言ったら、すごく不愉快な顔をして黙ってしまいました。若者が一駅でもタクシーに乗るから自分の会社の車が売れている。その現実と、「いまの若者はけしからん」という意識とが完全に分離してるのです。

半藤　それでいておもしろいくらい、皆さん元気がいいんですよね。

辻井　集団主義が重なってますからね。憲法改正を言ったほうが多数派だなと判断すると、多数派にしたがうのです。自分の考えを持っていない。かつてアメリカの学者が「日本ぐらい経済人がみずからの哲学を持たない国はない。国に身をすり寄せて、自分の経済人としての活動を理由づけている」と言っていました。そこらへんの意識は昔のまんま、六十年間ズレっぱなしというのは、ちょっと致命傷でしょうね。

そもそも改憲論者か擁護《ようご》論者かという分け方がおかしい。二つに分類して「どっちか」と決める単純思考は、なくさないといけませんね。それは、憲法擁護論者のほうにも言える。むしろ強いですね。ただ「擁護」「擁護」と言っただけでは、ものごとは前に進みませんよ。たしかに、いまの憲法にはまずいところがあります。たとえば、「衆議院は」と訳すべきところを、「国会は」と訳してしまったため、参議院の果たすべき役割と衆議院の果たすべき役割の分類が分からなくなっているとか。そういうものは、直せれば直したほうがいいと僕は思います。ただ、二分法で世の中が動いてる時に、「改憲論者か」と聞かれれば、「いや、僕は護憲です」と言うしかない。ほんとはいろんな選び方があっていいと思うのだけど、そこまで議論が深まっていかない思考パラダイムが出来てしまっている。まずいですね。

半藤　戦前もそうなんです。東亜新秩序派か否か、反米か親米か、ある時から急に分けられてしまって、是々非々がなくなっていく。極論と極論だけが残り、どっちかが負けて、片方の極論だけが生きていくのです。

辻井　たしかにそうですね。「あんたは日本国民か、非国民か」という二分法。「非国民だから本当の日本人だ」と言いたいのですが、それが通らない。あれは困ったものだな。

明治の初期、日本は文明開化した国だと諸外国に認めてもらおうと、一所懸命だった。その時は軍事力も経済力も取るに足らないもので、外交だけが頼りだった。ですから、その時のリーダーは、いろいろな国の力関係の変化をじつに的確に認識した。外交力が日本の近代史の中に生きていたのは明治二十三年ぐらいまでです。

それと、敗戦後、昭和三十五年の前ぐらいまでの時期、吉田内閣の時代でしょうか。吉田さんは、「負けた国が軍隊を持っても、戦勝国にあごで使われてみじめだ。その点、戦争に負けても外交で勝った国は歴史的にたくさんある。日本は外交で勝つ努力をしなければならない」と言って、なんとか軍隊を持たずにすむことを考えていた。そこにいまの第九条を盛り込んだ憲法草案がおりてきたので、吉田さんは膝を打って喜んだそうです。そう白洲次郎さんから聞きました。

半藤　白洲さんは吉田さんと一心同体みたいな人でしたものね。

戦後六十年が問いかけるもの

辻井　日本は経済的には成功してきたのですけれども、じゃあその経済は安泰かというとそうではない。いままで一所懸命輸出を伸ばし、生産性も上げ、蓄積したはずのものは、ほとんどアメリカに持っていかれてしまっています。ちょっとドルを下げられれば、一所懸命働いた末の成果が吹き飛んでしまう構造のままなのです。プラザ合意をはじめ、アメリカは基軸通貨国であることを悪用し、「国際的経済秩序維持のために」という大義名分をつけて、各国が蓄積したものを事実上半分ぐらいの値打ちで吸い取ってきました。それにいちばん忠実だったのが日本です。こんなに一所懸命やったのに、どうしてあんまりラクにならないんだろうという疑問だけが残る。真の意味で自立していないのです。

半藤　所詮は、アメリカに首根っこを押さえられた借金国家ということですか。

辻井　ＧＤＰがこんなに高いのにどうして借金国家になるのか。「年金に金がかかるからだ」とか、「消費税を倍にすればなんとかなる」とか、現象的な面だけを言うけれども、根本的なことにはあんまり突っこまない。

郵政改革も、一番の問題は郵便貯金をどうするかでしょう。それがいつの間にか、特定郵便局を残せとか、郵便局で副業をやったらどうかという議論になった。郵便貯金が財政投融資の中でどのように配分されているかについては示されない。「それをはっきりしろ」というところから改革が始まるはずなのに、核心を突いた議論の展開になっていかないですね。

半藤　しかし、お話を聞いていると、どうも日本には未来がないような感じですね。教育も惨憺《さんたん》たるものです。どうすればいいのでしょう。

辻井　どうも犯人を違うところに見立てて、責め立てているという感じがしますね。たとえば「諸矛盾の原因は憲法にある」となんとなく思わせる。これは一種のサギですよ。むしろ、憲法を確実に実行していればずいぶん解決していたものが、形骸化しているところに問題があるのです。それを「憲法改正か、擁護か」と問い詰めるのは間違いですね。

教育もそうです。教育現場が崩壊に瀕していることはたしかですが、だから「教育基本法を変えろ」となる。でも、教育基本法の責任はゼロに近い。僕は社会経済生産性本部というところで四年間、教育問題の委員長というのを仰せつかって、日教組の先生、文部省、ＰＴＡの会員らから意見を聞きましたが、教師は一所懸命働いている。しかし、生徒と人間的に接触する時間がゼロに近い。なぜかというと、報告書を書くのに精一杯なんです。先生は報告書なんか書かず、生徒ともっと接触するべきです。教育委員会も、本当に教育に情熱を持っている人で構成すべきだし、学校も、「本校はこういう教育方針でやっています。これに賛成なら本校に来てください」と宣伝して、親と子供が行く学校を選べるようにする。自分で選んだ学校だったら「学校がつまらない」とは言いにくいでしょう。校長先生は人事権を持って、自分の教育の思想に合った教諭を集める。『選択・責任・連帯の教育改革——学校の機能回復をめざして』（勁草書房）という提言を社会学者の橋爪大三郎氏と共著の形で出したら、かなり反響がありました。意見を聞きに来なかったのは自民党だけ。文教族は「俺のほうが分かっている」と思ったのでしょう。

半藤　何かというとすぐに教育基本法だとか憲法だとか、デッカイ話のほうばかりに行くのですね。非常に観念的に、分かったような気になってワーッと行っちゃう。短《たん》兵急《ぺいきゅう》に。実際に現場がどうなっているかということは、案外かまわない。とにかく短兵急に成果を求める。リアリスティックじゃないのです。

辻井　やっぱり日本は、ほんとの独立国になるという決心をしないといけないと思います。日本のことは日本人が決めるんだという精神的な独立がまずないと。

半藤　まだ被占領意識から脱却してないということなんですね。そうなると、「戦後六十年」は何が問われてるんですかね。

辻井　あらためて文化国家になることじゃないでしょうか。

半藤　初心に戻りましてね。

辻井　ええ。その時に気をつけないとならないのは、やたらに「伝統を重んじ」とか言う人が出てくる。

半藤　その伝統というのが皇国史観というか、戦前の軍国主義というか。そっちはあまりもとに戻らなくてもいいんですけどね（笑）。

辻井　そういう人たちの言う「伝統」は、ほんとの伝統じゃないんですよ。一方で、「進歩派」の連中は伝統そのものを忌み嫌うわけ。これも間違いで、日本の伝統はなかなか素晴らしいものなのです。じつは僕も「伝統」と聞くと嫌だなと思うアレルギーがずいぶんありました。

半藤　明治時代、漱石とか鷗外とか、あの人たちが悩んだ、西洋文明との対決という意識がどうしても残ってるのですね。たしかに、いまや、変わらざるをえない時に来ているが、変わる方向を見いだせない。どう変わっていいかも、分からなくなっている。バブルが弾《はじ》け飛んでいらい、国家目標が消えた。

辻井　みんなモヤモヤしてますね。

半藤　司馬遼太郎さんと、亡くなる前の年に話したんですが、「一億の人間のうち八千万人ぐらいが合意できることを一つぐらい見つけて、それをきちっとみんなして守るようにすれば、日本の明日はあるだろう」と。それは何かという議論をしましてね。司馬さんは「日本の自然をこれ以上壊さないということなら八割が合意できるはずだ」と言われた。私はそれに加えて、日本の歴史――政治史ばかりでなく、文化史も含めて、自分たちの歴史をきちんと学び直すことじゃないかと言いました。

私たちは、戦後日本を一所懸命つくり上げてきた。だけど、そのつくり方において、大事なことをもっとみんなで議論して解決して、それを積み上げてこなければいけなかったなと。とにかく、走っちゃったんですよね。貧しかったから。そのために解決しておかねばならなかったのに取り残してきたこと、後回しにしてきたことが、山ほどあると思います。自然破壊もそうだし、歴史を知らない国民にしちゃったこともそう。それを一つ一つ挙げていって、みんなして考え直すというのが、六十年たったいま、いちばん大事なことではないかと思うのです。たとえ時間と手間がかかっても。それが私たちの責任なんじゃないでしょうか。

辻井　僕も同じ感想を持ちますね。この間、長野県のある旅館へ取材を兼ねて行ったんですが、その旅館は島崎藤村が『新生』を執筆した場所なのだそうです。なるほど

「藤村ゆかりの宿」と書いてある。ある日、海外ブランドを満艦飾に身につけた中年の婦人十七、八人がドヤドヤとやってきた。軽井沢のアウトレットでいっぱい買ってきたんでしょう。で、おかみさんに「ここはとても由緒ある旅館だそうですが、藤村《ふじむら》ゆかりさんってどんなものを書いてるんですか？」と言った（笑）。

半藤　アハハハ。

辻井　島崎藤村を知らないわけ。海外ブランドについては、目いっぱいの知識があるのに、です。いままでの日本人の一つの典型が現れてるな、と思いましたね。私自身、海外ブランドを売っていた経験があるので、ちょっとまずいところですけど（笑）。ただ、それもそろそろ行き着くところまで行って、ちょっとおかしいなと普通の人が思ってきている時代だと思うのです。インチキなスローガンにさらわれないようにして、本当の日本人とはどういうものかに気づいていくには、司馬さんや半藤さんが言われるように、「自然をこれ以上壊さない」とか「日本の歴史を学び直す」とか、具体的なことがとても大事だと思うんです。

それから国際感覚ね。これがどうしようもない。トップからしてゼロに近い（笑）。大衆社会に国際感覚がないから、そういう人が選ばれてしまうのでしょう。変な子供がいたら隣のおじさんが注意するみたいなことも含めて、人間的な共同体をもう一度復活する。あるいは、スローフード。テンポのゆるい生活にこそ価値があるんだという価値観の逆転を進めていく。これではいけないとみんなが思い始めているいまがチャンスだと思いますよ。

半藤　私はあんまり希望を持たないんですよ。電車の中で、若い人たちが携帯メールを盛んにやってますけど、自分が気に入った情報としかつき合わないで、ややこしいこと、ちょっと引っかかるようなものには接しようとしない。人とのつき合いができないんです。買い物にしても、商店街の小さな店は、人と話をしなきゃならないから、コンビニや通販など話をしないですむようなところでものを買う。他人と話し合ったりすることができない。そういう孤立化した姿を見てますと、「国際感覚を磨け」とか「歴史を学べ」とか言ったって、ほとんどダメなんじゃねえか。じじいの寝ごとであって、もうこの国はおしまいだよ、という感じにもなってるんですよ、最近(笑)。

そして日本人は怖いんですよね。一つの方向へワッと動きますからね。対米英戦争へ引っ張っていった参謀の服部卓四郎《はっとりたくしろう》、辻政信《つじまさのぶ》といったような、煽動《せんどう》することの上手なタイプの人が、若い政治家や言論人に増えているような気がしますね。

辻井　マスメディアが信用をなくしているという面もありますね。メールで友だちが言うことは信用する。しかし、新聞やテレビで言っていることは本当じゃないんじゃないかという空気が、若者の間にものすごく強い。選挙のたびに投票率が下がるというのは、いままでの秩序を維持してきた勢力に対する不信感の表れでしょう。もっと、クオリティーメディアがたくさん出てこないと。

半藤　その意味ではおっかない時代だと思うのです。いつ判断停止して、雪崩《なだれ》現象を起こすのか分かりませんからね。しかも、ネットというわけの分からないもので動く可能性がこれからますます強くなる。ネットでいったん燃え上ってしまうと、熱狂そのものとなり、それが権威となり、人びとを引っぱっていく。結果として、米内光政《よないみつまさ》海相が言ったように「魔性の歴史」がはじまるかもしれません。

辻井　でも、いまは第二次成熟社会ですが、ここから第三次成熟社会へ移るポテンシャルはいまの日本では上がってきている。それをうまく使えば、チャンスはあるんじゃないかな。僕は楽観視してます。

半藤　私はダメだと思いますな（笑）。

あとがき

半藤一利

東京書籍の編集者小島岳彦君が訪ねてきて、「人間の出処進退について一冊書いていただけませんか」と慫慂《しょうよう》した。そうか、八十歳をいくつか越えたので、そろそろ進退について考えなくてはならぬのか、と瞬間的にひらめいたが、わたくしは、「でも、まだオレは現役をやっているんだぜ。まだまだと思っている」と言ってあっさり断った。

でも、ほんとうに長い間、雑誌編集者をやってきた身としては、せっかく遠いところを来てくれたのにさぞ帰り道は空しさにさいなまれるであろうなと、ごく自然に彼を不憫《ふびん》に思う気持ちが湧いた。それで、「こうしたものでもよかったら」と、これまでにやってきた数多くの対談のファイルを手渡した。とくに本にする意思はなく、手ぶらじゃ気の毒であるからぐらいの軽い気持ちであった。

わたくしが四十年余も現役でやってきた編集者とはおもしろい職業で、名刺一枚でさまざまな人と会える。人と面接して話を聞くことが大事な仕事であると言っていい。人生百般、文武百般、硬軟百般、びっくりするほど多くの方々と会って話を聞いてきた四十年余であった。その編集者をやめてからもその習練というか厚かましさからか、わたくしは未知の人との面談にもそれほど億劫《おっくう》がるところがない。むしろ楽しみにして、ということは、東京は向島生まれの下町っ子育ちなので、生来の人好きなところがあるのかもしれない。それでほんとうに数多くの対談や座談会を仕事としてやってきた。

本書は、そうした人好きの爺《じじ》いが久しぶりに編集者に戻った気持ちで大いに気張っていろいろな方々と行った沢山の対談のうち、小島君が昭和史に関連する十二篇を選んで編んでくれたものである。すべて小島君に任せっきりで、その意味からは「編集者に戻って」などとは言えず、いささか忸怩《じくじ》たるものがあるが。それはともかくとして、対談のお相手をつとめていただいた先生方には、再録のご快諾をいただきましたことを厚く御礼申しあげます。また初出掲載時の各出版社のご承諾にも心よりの謝意を、あらためて申し述べます。

いま、送られてきたゲラの目次を眺めていると、十二人の方々のうち、丸谷、吉村、辻井、佐野の四先生とは、すでに幽明境を異にしている。こうして貴重な体験をへて昭和という時代を語れる方々がどんどん世を去っていく。そして世には昭和史や太平洋戦争史を主題にしたおびただしい書籍が書店の店頭を飾っている。ときにそれを購《もと》めて読んでみて、そのあまりにも史実にたいする不真面目な、一夜漬け的な、勉強不足な、史観も人間観もきちんと定まらないでたらめさに、一読者として苦々しい想いをしばしば味わわされている。そのことを思えば、あまりにも年代の古い対談もあるが、本書を出すことの意味もあるかと言いきかせて自分を慰めている。

最後にお断りするが、単行本にするにあたって、本文はできる限り雑誌発表当時のままとした。あるいは今日的でない言辞も出てくるかもしれないが、それもまた時がたってみると（つまりすでに歴史になって）それなりの興味がかえって出てくる。要らざる手を細かく入れたりカットをしたりせずにそのままに味わってもらうほうが、これまた歴史を読む楽しみになることであろう。

二〇一四年四月三十日　「軍艦マーチ」が一九〇〇年に初演奏された日

追記　単行本刊行の翌年、野坂昭如さんも亡くなった。雑誌「東京人」にて丸谷才一さんの司会で相撲について鼎談した時のこと。野坂さんが神戸の小学生時代は四股名「播磨山《はりまやま》」として大関をはっていたと威張るので、不肖わたくしも向島で「一声《ひとこえ》」として小結をはっていた手前、両国国技館を借りて一戦交えましょうと盛り上がり、丸谷さんが呆れていたことを思い出す。往事茫茫たり。

二〇一八年五月三十一日

初　出

ふたつの戦場　ミッドウェーと満洲／澤地久枝

「本の話」2000年3月号・「諸君！」1999年10月号（文藝春秋発行）

指揮官たちは戦後をどう生きたか／保阪正康

「文藝春秋 SPECIAL」2008年夏号（文藝春秋発行）

なぜ日本人は山本五十六を忘れないのか／戸高一成

「新潮45」2011年1月号（新潮社発行）

天皇と決断／加藤陽子

「中央公論」2010年9月号（中央公論新社発行）

栗林忠道と硫黄島／梯久美子

「Fole」2007年4月号（みずほ総合研究所発行）

撤退と組織／野中郁次郎

「Φ（ファイ）」1998年10月号（富士総合研究所〔現・みずほ情報総研〕発行）

東京の戦争／吉村昭

「文藝春秋」2001年10月号（文藝春秋発行）

戦争と艶笑の昭和史／丸谷才一

「オール讀物」2008年6月号（文藝春秋発行）

無責任論／野坂昭如

「Voice」2000年11月号（ＰＨＰ研究所発行）

幕末から昭和へ　熱狂の時代に／宮部みゆき

「オール讀物」2010年2月号（文藝春秋発行）

清張さんと昭和史／佐野洋

「オール讀物」2009年1月号（文藝春秋発行）

戦後六十年が問いかけるもの／辻井喬

「論座」2005年9月号（朝日新聞社発行）

単行本　二〇一四年六月　東京書籍刊
文庫化にあたり加筆修正をしました。
写真提供　文藝春秋写真資料室

文春文庫

昭和史《しようわし》をどう生《い》きたか

半藤一利対談《はんどうかずとしたいだん》

定価はカバーに
表示してあります

2018年7月10日　第1刷

著　者　半《はん》藤《どう》一《かず》利《とし》
発行者　飯窪成幸
発行所　株式会社　文藝春秋

東京都千代田区紀尾井町 3-23　〒102-8008
TEL　03・3265・1211㈹
文藝春秋ホームページ　http://www.bunshun.co.jp

落丁、乱丁本は、お手数ですが小社製作部宛お送り下さい。送料小社負担でお取替致します。

印刷・図書印刷　製本・加藤製本

Printed in Japan
ISBN978-4-16-791108-9

文春文庫　半藤一利の本

（　）内は解説者。品切の節はご容赦下さい。

半藤一利
日本のいちばん長い日　決定版
昭和二十年八月十五日。あの日何が起き、何が起こらなかったのか？　十五日正午の終戦放送までの一日、日本政府のポツダム宣言受諾の動きと、反対する陸軍を活写するノンフィクション。

は-8-15

半藤一利
日本国憲法の二〇〇日
敗戦時、著者十五歳。新憲法の策定作業が始まり、二百三日後、「憲法改正草案要綱」の発表に至る。この苛酷にして希望に満ちた日々を、歴史探偵が少年の目と複眼で描く。（梯　久美子）
は-8-17

半藤一利　編著
日本史はこんなに面白い
聖徳太子から昭和天皇まで、その道の碩学16名がとっておきの話を披露。蝦夷は出雲出身？　ハル・ノートの解釈に誤解？　大胆仮説から面白エピソードまで縦横無尽に語り合う対談集。

は-8-18

半藤一利
ぶらり日本史散策
新発見・開戦直後の山本五十六の恋文から聖徳太子と温泉、坂本龍馬人気のうつりかわりの理由まで。日本史の一場面を訪ね、ユーモアたっぷりに解説したこぼれ話満載。

は-8-20

半藤一利
あの戦争と日本人
日露戦争が変えてしまったものとは何か。戦艦大和、特攻隊などを通して見据える日本人の本質。「昭和史」「幕末史」に続き、日本の大転換期を語りおろした〈戦争史〉決定版。

は-8-21

半藤一利・加藤陽子
昭和史裁判
太平洋戦争開戦から七十余年。広田弘毅、近衛文麿ら当時のリーダーたちはなにをどう判断し、どこで間違ったのか。半藤〝検事〟と加藤〝弁護人〟が失敗の本質を徹底討論！

は-8-22

（　）内は解説者。品切の節はご容赦下さい。

半藤一利
聯合艦隊司令長官　山本五十六

昭和史の語り部半藤さんが郷里・長岡の先人であり、あの戦争の最大の英雄にして悲劇の人の真実について熱をこめて語り下ろした一冊。役所広司さんが五十六役となり、映画化された。

は-8-23

半藤一利　編
太平洋戦争　日本軍艦戦記

激戦の記録、希少な体験談。生残った将兵による「軍艦マイベスト5」。戦った日米英提督たちの小列伝。……大日本帝国海軍の栄光から最期までを貴重な写真とともに一冊でたどる！

は-8-24

半藤一利
歴史のくずかご　とっておき百話

山本五十六、石原莞爾、本居宣長、葛飾北斎、光源氏……睦月の章から師走の章までちびちび読みたい歴史のよもやま話が100話！おまけコラムも充実。文庫オリジナルの贅沢な一冊。

は-8-25

安野光雅・半藤一利
三国志談義

桃園の誓いから諸葛孔明の死まで――吉川英治で親しんで六十余年。「三国志」には一家言ある薀蓄過剰な二人が、名場面の舞台、登場人物、名句・名言についてくりひろげた放談録！

は-8-26

半藤一利　編著
十二月八日と八月十五日

太平洋戦争開戦の日と、玉音放送が流れた終戦の日と。その日、人々は何を考え、発言し、書いたか。あらゆる史料をもとに歴史探偵が読み解き編んだ、真に迫った文庫オリジナル作品。

は-8-27

半藤一利・保阪正康
そして、メディアは日本を戦争に導いた

近年の日本社会と、戦前社会が破局へと向った歩みには共通点があった？　これぞ昭和史最強タッグによる決定版対談！　石橋湛山、桐生悠々ら反骨の記者たちの話題も豊富な、警世の書。

は-8-28